刊印古籍今注新譯叢書緣起

劉振強

人類歷史發展，每至偏執一端，往而不返的關頭，總有一股新興的反本運動繼起，要求回顧過往的源頭，從中汲取新生的創造力量。孔子所謂的述而不作，溫故知新，以及西方文藝復興所強調的再生精神，都體現了創造源頭這股日新不竭的力量。古典之所以重要，古籍之所以不可不讀，正在這層尋本與啟示的意義上。處於現代世界而倡言讀古書，並不是迷信傳統，更不是故步自封；而是當我們愈懂得聆聽來自根源的聲音，我們就愈懂得如何向歷史追問，也就愈能夠清醒正對當世的苦厄。要擴大心量，冥契古今心靈，會通宇宙精神，不能不由學會讀古書這一層根本的工夫做起。

基於這樣的想法，本局自草創以來，即懷著注譯傳統重要典籍的理想，由第一部的四書做起，希望藉由文字障礙的掃除，幫助有心的讀者，打開禁錮於古老話語中的豐沛寶藏。我們工作的原則是「兼取諸家，直注明解」。一方面熔鑄眾說，擇善而從；一方面也力求明白可喻，達到學術普及化的要求。叢書自陸續出刊以來，頗受各界的喜愛，使我們得到很大的鼓勵，也有信心繼續推廣這項工作。隨著海峽兩岸的交流，我們注譯的成員，也由臺灣各大學的教授，擴及大陸各有專長的學者。陣容的充實，使我們有更多的資源，整理更多樣化的古籍。兼採經、史、子、集四部的要典，重拾對通才器識的重視，將是我們進一步工作的目標。

古籍的注譯，固然是一件繁難的工作，但其實也只是整個工作的開端而已，最後的完成與意義的賦予，全賴讀者的閱讀與自得自證。我們期望這項工作能有助於為世界文化的未來匯流，注入一股源頭活水；也希望各界博雅君子不吝指正，讓我們的步伐能夠更堅穩地走下去。

新譯無量壽經 目次

導讀

一、《無量壽經》的版本與譯者

《佛說無量壽經》，簡稱《無量壽經》，又稱《大無量壽經》、《大經》、《雙卷經》，是中國佛教宗派淨土宗三種主要經典之一（其他兩種為《阿彌陀經》和《觀無量壽經》）。一般認為，該經產生於西元一～二世紀印度貴霜王朝時期的犍陀羅地區。《無量壽經》的漢譯據說有十二種，現在僅存五種，稱為「五存七欠」。現在尚存的五種譯本是：

一、東漢時期支婁迦讖翻譯的《無量清淨平等覺經》。有部分學者認為此經本是西晉時期的竺法護所譯。

二、三國時期吳國支謙翻譯的《阿彌陀經》，全稱為《佛說諸佛阿彌陀三耶三佛薩樓佛檀過度人道經》。為了和鳩摩羅什譯的《阿彌陀經》相區別，又稱為《大阿彌陀經》。

三、曹魏時期康僧鎧於洛陽白馬寺所翻譯的《無量壽經》。

四、唐代南印度僧人菩提流志所譯的《大寶集經無量壽如來會》，簡稱《無量壽如來會》。

五、北宋時期法賢所譯的《大乘無量壽莊嚴經》。

現已不存的七種譯本是：

一、東漢時期安世高所翻譯的《無量壽經》。

二、曹魏時期帛延在洛陽白馬寺所翻譯的《無量清淨平等覺經》。

三、西晉時期竺法護所翻譯的《無量壽經》。有人認為支婁迦讖所譯的《無量清淨平等覺經》就是竺法護所翻譯的《無量壽經》。

四、東晉時期西域沙門竺法力所翻譯的《無量壽至真等正覺經》。

五、劉宋時期佛陀跋陀羅在道場寺所翻譯的《新無量壽經》。

六、劉宋時期涼州沙門寶雲在道場寺所譯的《新無量壽經》。

七、劉宋時期罽賓國沙門曇摩密多所譯的《新無量壽經》。

現存的五種譯本在語言和內容上都有差異，或略或詳，各不統一。比如在淨土信仰最重要的四十八願說中，康僧鎧和菩提流志的譯本都是四十八願，而支婁迦讖和支謙的譯本中則只有二十四願，法賢的譯本為三十六願，互不統一。南宋時，著名的淨土信仰者王日休有鑒於諸譯本不同所造成的混亂，於是把康僧鎧、支婁迦讖、支謙和法賢等四人的譯本經過比較、勘定，會集成了一本，稱為《大阿彌陀經》，共分成五十六個部分。王日休自述其會集的基本原則是：「其校正之法：若言一事，扛此本為安，彼本為杌隉，則取其安者；或此本為要，彼本為氾濫，則取其要者；或此本為近，彼本為迂，則取其近者；或彼本有之，而此本闕，則取其所有；或彼本彰明，而此本隱晦，則取其明者。大概乃取其所優，去其所劣。」（〈大阿彌陀經序〉）王日休的會集成了《無量壽經》的一種新版本，流通於南宋至明末。至明代蓮池大師雖然承認王本在弘揚淨土信仰方面的作用，認為「王氏所會，較之五譯，簡易明顯，流通今世，利益甚大。」又說：「以王本世所通行，人習見故。」但是，蓮池大師明確指出了王本中的很多缺點：首先，王本「抄前著後，未順譯文」，就是在摘抄原經文之後，添加了所會集的四種譯本中沒有的內容，擅自改變了譯文。其次，王本「去取未盡，高下失次」，指王日休對康僧鎧的魏譯本中三輩往生問題的理解產生了錯誤。該譯本中三輩往生皆需發菩提心，但在會集本中，王氏只說中輩人發菩提心，下輩人不發，而對上輩人的問題則沒有談到。因此，在蓮池大師的批評下，王氏的會集本自明末後不再流行。基於同樣的原因，清代彭際清也批評王本「凌亂乖舛，不合原旨」。為了避免出現同樣的錯誤，他所編的會集本，只是將魏譯《無量壽經》作了刪節，使之簡練。其後，魏源再次嘗試會集，他以五種原譯為根本，力求字句皆有來歷，刪繁就簡，會成一經，稱《摩訶無量壽經》。但個別地方仍然沒有避免類似王本那樣脫離原本的缺陷。所以近代淨土大師印光批評說：「其《無量壽經》，係魏承貫刪削，又依餘經增益，理雖有益，事實大錯，不可依從。」（《印祖文鈔》卷一〈復高邵麟居士書三〉）更說：「蓮池尚不流通王本，吾儕何敢流通魏本，以啟人妄改佛經之端，及闢佛之流，謂佛經皆後人編造，初非真實從佛國譯來者？」（《印祖文鈔》卷一〈復永嘉某居士書二〉）可見，印光法師對於會集本的不滿主要在於對於經文的改動，擔心為反對佛教者以「佛經皆後人編造」的口實。但是因為現存的五種譯本「文詞互有詳略，義諦不無異同。初心學人，遍讀為艱。僅持一譯，莫窺奧旨。」（梅光羲：〈重印無量壽經五種原譯會集序〉）所以在民國初年，夏蓮居居士再次依據五種譯本進行會集，成《大乘無量壽莊嚴清淨平等覺經》。此會集本形成後，成為當代最為流行的一個版本。對於夏蓮居的這個會集本，在獲得了很多淨土學人稱讚的同時，同樣也有不少批評的意見。

本書新譯採用的是魏譯的《無量壽經》。翻譯此經的是曹魏時期的康僧鎧。有關康僧鎧的記載很少，在梁慧皎著的《高僧傳》中僅有一句話：「時又有外國沙門康僧鎧者，亦以嘉平之末來至洛陽，譯出《郁伽長者》等四部經。」（《高僧傳》卷一〈曇柯迦羅傳〉）。這是關於康僧鎧的最原始的史料：康僧鎧是一個外國僧人，在曹魏嘉平（西元二四九～二五四年）末年來到洛陽，譯出了《郁伽長者經》等四部經。此後佛教史籍中關於康僧鎧的譯經和來到洛陽的時間有了種種說法。首先，關於他所譯的四部經，在《高僧傳》中，除了《郁伽長者經》外，其他三部沒有列出經名。隋費長房所著的《歷代三寶紀》在列出了《郁伽長者經》二卷和《無量壽經》二卷後，說：「右二部合四卷，天竺國沙門康僧鎧，齊王世嘉平年於洛陽白馬寺譯。《高僧傳》載直云《郁伽長者》等四經，檢道祖《魏晉錄》及僧祐《出三藏記》並寶唱《梁代錄》等，所列如前。自外二部，並不顯名，校閱群錄未見。」這就是說，隋代的費長房雖然檢閱了當時可見的各種經錄，但當時只找到了康僧鎧所譯的兩部經，即《高僧傳》

已經載明的《郁伽長者經》和新發現的《無量壽經》，另外兩部經的名稱則不得而知。到唐智昇撰《開元釋教錄》時，在康僧鎧的名下已經有了三部經，《開元釋教錄》卷一說：「沙門康僧鎧，印度人也。廣學群經，義暢幽旨。以嘉平四年壬申，於洛陽白馬寺譯《郁伽長者經》等三部。《高僧傳》中云譯四部，不具顯名。竺道祖《魏晉錄》、僧祐、寶唱《梁代錄》等，及長房、道宣、靖邁三錄，並云二部，餘二既不顯名，校閱未見。今更得一部，餘欠一經，檢亦未獲。」這就是說，經過智昇的搜檢後，增添了一部名叫《四分雜羯磨》的一卷經，這樣康僧鎧所譯的經典就有了三部，但是最終仍然缺一部經的名稱。所以，從歷史上看，康僧鎧的譯經只發現三部。而現在《續藏經》中收有《無量壽佛名號利益大事因緣經》一卷，署名為曹魏康僧鎧譯，如果確實的話，正好補充完整了康僧鎧翻譯了四部經的說法，但是此經在收入《續藏經》之前，並不見於歷代的經錄，歷代的藏經也沒有收錄，所以多數學者認為此經當是一部偽經。此外，因為《郁伽長者經》和《無量壽經》的翻譯用語有很多差別，所以有人懷疑《無量壽經》是否為康僧鎧所譯，但是多數人仍然認為此經當是康僧鎧所譯。

其次，關於康鎧何時來到洛陽，《高僧傳》說了一個大概的時間，即嘉平末年。曹魏嘉平的年號一共使用了六年，從嘉平元年（西元二四九年）到嘉平六年（西元二五四年）。如果以六年的時間計，那麼嘉平末年應該是後三分之一，即嘉平五年和六年。此後《歷代三寶僧紀》只說在嘉平年到洛陽譯經，並沒有明確說出具體的年分。到靖邁著《古今譯經圖紀》時，其中有關康僧鎧的記載，則提出了一個具體的時間，即於嘉平四年（西元二五二年）在洛陽翻譯經典。據《開元釋教錄》載，《古今譯經圖紀》原本並非一部書，而是玄奘在長安大慈恩寺的翻經堂中的牆壁上命人畫寫譯經僧的圖像，而靖邁在每一畫像的旁邊，對譯經僧的生平作簡略的文字敘述。《圖紀》中隋代以前譯經者的事蹟主要來自《歷代三寶紀》。自隋迄唐初的譯經者則由靖邁自己補充。按道理講，既然《古今譯經圖紀》的史料主要來自《歷代三寶紀》，那麼應該和費長房保持一致，因此不知靖邁的這個新說法出自何處？而道宣雖然和靖邁為同時代人，並且都參加了玄奘的譯場，但是在道宣所撰的《大唐內典錄》中，則仍然保持了《歷代三寶紀》的說法。而智昇撰《開元釋教錄》時，也把康僧鎧來華的時間，從原來模糊的嘉平末年，明確地說為嘉平四年。此後的《貞元新定釋教目錄》則也採用了這種說法。因此後世在提到康僧鎧譯經的時間時，很多都採用了嘉平四年的說法。

二、《無量壽經》的主要內容

《無量壽經》分為上下兩卷，主要表述了如下的內容：

第一、講說此經的地點、參加的聽眾以及佛的功德。《無量壽經》按照佛經通常的慣例，一開始就說明了此經是佛在王舍城的耆闍崛山所說。王舍城，是古代印度摩揭陀國的首都，是釋迦牟尼傳法活動的一個中心。佛教中很多重要的經典，比如說《般若經》、《法華經》都標明是佛在王舍城的耆闍崛山所說。耆闍崛山，就是靈鷲山，是王舍城中佛說法的一個主要的地點。參加此次法會的有一萬二千名比丘和大乘的諸位菩薩。此後，又對作為說法者的佛陀從兜率天宮下降，住於母胎，從右肋出生，出生後即行走七步，大地產生六種震動等功德，以及教化眾生，開導萬物的種種勝行作了描述。

第二、淨土世界的成因。《無量壽經》中說，過去世時，一位名叫世自在王的佛在世間說法。當時有一個國王聽到佛說法後，內心充滿了喜悅，於是決心拋棄國家，捨棄王位，出家作了沙門，法號法藏。世自在王佛看到法藏比丘志願宏大，於是對他說，一個人以斗量海，經歷一段極長的時間後，尚且能夠見到海底，獲得寶物，那麼一個人「有至心，精進求道，不止會當剋果，何願不得？」，然後為法藏比丘講說了二百一十億種諸佛的世界，並且一一展現在他的面前。法藏比丘在看到這種種諸佛的世界後，經過五劫的時間，仔細思考了佛國的清淨和莊嚴，攝取了其中的美妙清淨之處，然後發起四十八種誓願，最終建成了西方極樂世界。法藏比丘也成了無量壽佛、阿彌陀佛。

第三、四十八願。法藏比丘在成佛和建立自己的淨土世界之前，在世自在王佛面前立下了四十八種誓願，分別是：(1)無三惡趣願，(2)不更惡趣願，(3)悉皆金色願，(4)無有好醜願，(5)宿命通願，(6)天眼通願，(7)天耳通願，(8)他心通願，(9)神足通願，(10)漏盡通願，(11)必至無度願，(12)光明無量願，(13)壽命無量願，(14)聲聞無數願，(15)眷屬長壽願，(16)無諸不善願，(17)諸佛稱讚願，(18)念佛往生願，(19)臨終現前願，(20)繫念定生願，(21)具三十二相願，(22)必生補處願，(23)供養諸佛願，(24)供具如意願，(25)說一切智願，(26)那羅延身願，(27)所須嚴淨願，(28)見道場樹願，(29)得辯才智願，(30)智辯無窮願，(31)國土清淨願，(32)寶香合成願，(33)觸光柔軟願，(34)聞名得忍願，(35)女人成佛願，(36)常修梵行願，(37)人天致敬願，(38)衣服隨念願，(39)受樂無染願，(40)見諸佛土願，(41)具足諸根願，(42)住定供佛願，(43)生尊貴家願，(44)具足德本願，(45)住定見佛願，(46)隨意聞法願，(47)不退轉願，(48)得三法忍願。隋代的慧遠在《無量壽經義疏》中，把四十八願分成了三類：攝法身願，即第十二、十三、十七等三願。攝淨土願，第三十一、三十二願。攝眾生願，即其餘的四十三願。這四十八願構成了淨土信仰當中的一個重要內容，特別是第十八願「念佛往生願」：「設我得佛，十方眾生至心信樂，欲生我國，乃至十念。若不生者，不取正覺。」更成了淨土念佛往生的一個基本依據。

第四、無量壽佛的名號。無量壽佛，即是「阿彌陀佛」的其中一義的翻譯。在《無量壽經》中，使用的主要是「無量壽佛」的名稱。此外，《無量壽經》還指出了「無量壽佛」的另外幾種名號：「是故無量壽佛號無量光佛、無邊光佛、無礙光佛、無對光佛、炎王光佛、清淨光佛、歡喜光佛、智慧光佛、不斷光佛、難思光佛、無稱光佛、超日月光佛。」合起來成為阿彌陀佛的十三個名號。在無量壽佛所包括的含義中，有兩個最為重要：其一就是無量壽佛光明無量的含義，如經中說：「無量壽佛，威神光明，最尊第一。諸佛光明，所不能及。」其二就是無量壽佛壽命無量的含義，如經中說：「無量壽佛，壽命長久，不可稱計。」

第五、西方淨土世界的美妙圖景。《無量壽經》花了很大的篇幅來說明極樂世界和世俗世界的不同，是一個值得我們追求的理想之地。首先，西方極樂世界是一個自然環境完善無缺陷的世界。《無量壽經》認為，在距我們十萬億剎的西方，有一個世界名為「安樂」，就是極樂世界所在的地方。其中的國土、樹木等都是由七寶即金、銀、琉璃、玻璃、珊瑚、瑪瑙、車磲等構成。各種建築，如講堂、宮殿也都由七寶構成。其中有浴池，充滿了具有八種功德的清淨香潔的如同甘露一樣的水。淨土世界中的各種寶樹會自然演奏音樂，是十方世界最美好的音樂。淨土世界的氣候是「不寒不暑」，微風徐吹，不快不慢。其次，就往生到極樂世界的眾生而言，他們具有清淨的色身，容貌端正，彼此之間沒有差別。他們不再如人世間那樣懷胎而生，而是變化而生。他們的欲望隨時能得到滿足，衣服、飲食、鮮花、音樂，以及樓閣宮殿等等，或大或小，都能「隨意所欲，應念即至」。在淨土世界中行走，地上遍布鮮花，足踏其上，等腳離開時，鮮花會恢復原貌。當花謝之時，地會裂開，鮮花會消失其中。最後，在西方淨土世界，眾生常能聽到阿彌陀佛及其兩位侍者——觀世音菩薩和大勢至菩薩的宣講佛法，這保證了眾生能夠為正確的佛法所引導，獲得快樂。當然，在淨土世界中也有一個不完美的地方，就是邊地。這是那些雖然稱念無量壽佛的名號，但是內心有疑惑、信心不堅定的眾生死後往生的地方。雖然物質環境和中心地帶沒有太大的差別，同樣住在七寶宮殿中，但是在精神上，他們在五百年長的壽命內不能遇到佛、菩薩和聲聞眾生，聆聽他們的教誨，並且仍然如同世間一樣是懷胎而生，不是在七寶所成的蓮花中變化而生，因此要在此邊地受五百年的苦。

第六、世俗世界的五惡、五痛、五燒。在描繪了淨土世界的理想圖景後，《無量壽經》指出了世俗世界的五種罪惡、痛苦和燒身之禍。一是世間人民弱肉強食，互相殺戮、殘害的殺生之惡，和由此引起的世間王法的懲治和來世的報應；二是世間的人民、父子、兄弟、夫婦不遵守道義，互相欺瞞，常懷有盜竊之心，貪戀別人的財物，這是盜竊之惡，和由此引起的牢獄之災及三惡道的報應；三是世間的人民常有邪惡之念，內心充滿了愛欲之情，貪戀他人妻子，犯下了邪淫的罪惡，遭受了和此相應的痛苦和禍患；四是世間的人民不孝雙親，不敬師長，無信於朋友，互相誹謗，挑撥離間，犯了妄語的罪惡，遭受痛苦和禍患；五是世間的人民貪戀美酒，飲食無度，犯了飲酒的罪惡，遭受痛苦和禍患。這五種罪惡，及其所帶來的痛苦和禍患是人間生活必然的結果，因此，值此佛出世為大眾開示佛法的期間，眾生應當把握良機，信受佛法，往生到無量壽佛的西方極樂世界。

第七、往生到西方極樂世界的條件及其三輩的區別。《無量壽經》認為要往生到無量壽佛的國度，一個基本的條件就是在聽聞到無量壽佛的名號後，產生堅定的信心，發起菩提心，在一念之間真誠地發願往生到西方極樂世界。但是也有一個例外：「唯除五逆，誹謗正法」，即佛教所說的殺父、殺母、殺阿羅漢、出佛身之血、破和合之僧等五種不可饒恕罪惡的人，以及誹謗佛法的人。淨土經典《觀無量壽經》則和這種說法有所不同，認為憑藉念佛的力量，五逆也可以往生極樂世界。《無量壽經》還認為往生西方極樂世界的眾生可以分成三個類別：第一類是發起菩提心，出家為沙門者。在他們往生時，無量壽佛和眾菩薩會出現在他們的面前，接引他們往生西方極樂世界。第二類為雖不是沙門，但是發起菩提心，信仰佛教，遵守戒律，供養佛法僧三寶者。在他們往生時可以受到無量壽佛化身的接引。第三類是那些沒有什麼功德可言，但是真心發起了菩提覺悟之心，從一念至十念，念想無量壽佛者，或者聽到佛法後深信不疑，真誠地一心念想阿彌陀佛者，同樣能夠夢到無量壽佛，往生極樂世界。這三類往生西方極樂世界的眾生所受到的接引不同，所獲得的智慧和功德同樣是有次第差別的。而《觀無量壽經》將上中下三品又各分為三種，共為九品。這種說法和《無量壽經》的三輩說有類似的地方，所以從古以來，就有將二說合起來加以解釋的。慧遠在《無量壽經義疏》卷下中認為，《觀無量壽經》中上品三人即是《無量壽經》中的上輩，中品三人是中輩，下品三人是下輩，合稱三輩九品。但也有人認為，《無量壽經》所說的三輩都是發起了菩提心的眾生，因此只能相當於《觀無量壽經》的上品三種。而中品和下品共六種則沒有發起菩提心，故不能和《無量壽經》中的三輩類比。

三、《無量壽經》的影響

《無量壽經》傳入中國後，影響很大。早在東晉時期，竺法曠（西元三二七～四〇二年）就依據《無量壽經》講誦淨土法門，《高僧傳》卷五說他「每以《法華》為會三之旨，《無量壽》為淨土之因，常吟詠二部，有眾則講，獨處則誦。」此後歷代注疏研究頗為盛行。重要的有隋代慧遠所撰的《無量壽經義疏》二卷，吉藏的《無量壽經義疏》一卷，新羅僧元曉的

《無量壽經宗要》一卷，新羅僧憬興的《無量壽經連義述文贊》三卷等。

《無量壽經》是淨土經典中比較早譯為漢文的，對於淨土信仰和思想的形成有重要作用。淨土宗的三位大師都多次引用《無量壽經》中的經文闡述淨土信仰。曇鸞大師在《往生論註》多次引用《無量壽經》經文。道綽在《安樂集》中，引述《無量壽經》文就約有二十餘處。善導大師則把《無量壽經》和《阿彌陀經》、《觀無量壽經》合在一起讀誦，作為往生淨土的方法。清代著名的淨土修行者彭紹升居士在《重刊淨土三經敘》中指出：「淨土三經者，大小《無量壽經》及《觀無量壽佛經》是也。此三經者，如鼎三足，不讀小本，不入信門；不讀大本，不入願門；不讀《觀經》，不能成就三昧門。三經合，而淨土資糧備矣。」說明了《無量壽經》在淨土信仰中的地位和作用。

卷上

我聞如是❶，一時❷佛住王舍城❸耆闍崛山❹中。與大比丘❺眾萬二千人俱。

【章旨】這一小段敘述了佛講說此經的地點以及聽眾的人數。

【注釋】❶我聞如是　又作「如是我聞」，我是這樣聽佛說的。我，指阿難，佛的十大弟子之一。在佛經的開首，一般都有「如是我聞」用語，表示下面所述的內容是來自佛說。❷一時　當時，佛說法的時間。❸王舍城　古印度摩揭陀國的首都，佛教勝地，釋迦牟尼傳教中心之一。佛教最早的一次經典的結集就在此地。❹耆闍崛山　位於王舍城東北的山峰，意譯為靈鷲山。❺大比丘　即德高望重的比丘。比丘，男性出家僧人。

【語譯】這一部經典，是我阿難親自聽釋迦牟尼佛所說的。那個時候，佛在王舍城外的耆闍崛山中主持了此次法會，參加此次大會的大比丘眾一共有一萬二千人，大家聚在一起。

一切大聖❶神通❷已達，其名曰尊者❸了本際❹、尊者正願❺、尊者正語❻、尊者大號❼、尊者仁賢❽、尊者離垢、尊者名聞、尊者善實、尊者具足、尊者牛王❾、尊者優樓頻蠡迦葉、尊者伽耶迦葉、尊者那提迦葉❿、尊者摩訶迦葉⓫、尊者舍利弗⓬、尊者大目揵連⓭、尊者劫賓那⓮、尊者大住⓯、尊者大淨志⓰、尊者摩訶周那⓱、尊者滿願子⓲、尊者離障閡⓳、尊者流灌⓴、尊者堅伏㉑、尊者面王㉒、尊者異乘㉓、尊者仁性㉔、尊者喜樂㉕、尊者善來㉖、尊者羅云㉗、尊者阿難㉘。皆如斯等上首㉙者也。

【章　旨】此段列舉了參加法會的比較重要的三十一位阿羅漢的名稱。

【注　釋】❶大聖　對有智慧的人的尊稱，佛經中常用來稱呼佛、菩薩及修行佛法有一定成就的人。❷神通　又作神通力、神力、通力、通等，即依修禪定而得的無礙自在、超人間的、不可思議的作用。佛教中所說的神通有五種、六種之說，五神通指神足、天眼、天耳、他心、宿命等五種神通，加上漏盡通，即六神通。此處泛指一種超常的能力。❸尊者　對佛弟子、阿羅漢等人的敬稱。又稱聖者、賢者、具壽、慧命、淨命、長老。《無量壽經義疏》云：「尊者是御人之號，舉德標人，故稱尊者。」❹了本際　人名。佛陀最早的五個弟子之一。又譯為阿若多憍陳那、阿若憍鄰、阿若俱鄰、憍陳那、憍陳如、拘鄰、居倫等。意譯初知、已知、了教、了本際、知本際等。憍陳如原屬於中印度迦毗羅城的婆羅門種族。釋迦牟尼出家修苦行時，憍陳如與另外四人受淨飯王之託，陪伴太子。後因釋迦牟尼放棄了苦行，並且接受牧女的乳糜，乃與其他四人離釋迦牟尼而去。等到釋迦牟尼覺悟解脫後，他最早接受了佛教，成為釋迦牟尼的弟子。❺正願　人名。佛陀最早的五個弟子之一。❻正語　人名。佛陀最早的五個弟子之一。又作婆師婆、婆濕婆、婆沙波。據《大唐西域記》卷九、《部執異論疏》等載，在迦葉召集五百阿羅漢舉行第一次結集之時，尚有數千人以正語為首，而另行結集五藏，稱為窟外結集、大眾部結集，以別於迦葉之窟內結集、上座部結集。然而此種說法虛構的成分居多。❼大號　人名。佛陀最早的五個弟子之一。又作「十力迦葉」。❽仁賢　人名。佛陀最早的五個弟子之一。❾尊者離垢句　五人皆為佛的弟子。其中，名聞又稱「耶舍」，相傳是佛在五個弟子後所收的第一個弟子。其他四人皆為耶舍的好友，在耶舍後相繼出家。❿尊者優樓頻蠡迦葉句　三人為兄弟，稱為「三迦葉」。原為事火外道，後聽聞佛法，遂帶領弟子千餘人隨佛出家。事火外道，指在釋迦牟尼時代流行的一種祭祀、崇拜阿耆尼等天神的信仰。他們認為火是此類天神的口，所以把酥油等供品投入火中，希望天神降福人間，所以稱為事火外道。「三迦葉」在當時的事火外道中是比較有影響的三個人物。⓫摩訶迦葉　佛陀的十大弟子之一，以「頭陀第一」著名。出家前相當富有，後隨佛陀出家並且很受器重。佛陀曾經在大眾面前，讓半個座位給迦葉。佛陀涅槃後，迦葉在王舍城集合五百比丘，從事經藏與律藏的結集，是佛教經典系統化的開始。此外，在中國禪宗的傳說中，迦葉是「拈花微笑」的主角，並且是禪宗二十八祖說中的第一祖。⓬舍利弗　佛陀十大弟子之一，以「智慧第一」聞名。因其母眼似舍利鳥，故名為「舍利弗」，即舍利之子的意思。⓭大目揵連　佛陀十大弟子之一，又稱摩訶目犍連、大目犍連、目連等，以「神通第一」聞名。據《盂蘭盆經》載，目犍連曾為救度母親從餓鬼道中出離，在七月十五僧自恣之日供養十方大德僧眾，這一做法成為後世盂蘭盆會這一節日的來源。晚年在王舍城內行乞時，被仇恨佛陀教團之婆羅門教徒以瓦石擊斃。⓮劫賓那　佛陀十大弟子之一。皈依佛陀後，常勇猛精進，端坐禪定，故以「端正第一」聞名。⓯大住　即摩訶迦旃延，佛陀十大弟子之一。善於對佛法進行分析和說明，以「論議第一」著名。⑯大淨志　音譯為「賴吒和羅」。中印度西北方居樓國富豪之子。佛陀至其國教化時，跟隨佛陀出家。⑰摩訶周那　又作摩訶注那。出於《中阿含經》第二卷，佛為之講說七種世間福。⑱滿願子　即富樓那，又稱「滿慈子」，佛陀十大弟子之一。相傳辯才無礙，聞聽其說法而出家者達九萬九千人，故稱「說法第一」。⑲離障閡　即阿那律，佛陀的堂弟，也是十大弟子之一。阿那律出家之初，曾經在佛陀面前打瞌睡。受佛批評之後，痛加悔悟，立誓徹夜不眠，精勤修道，終使肉眼敗壞而失明。然而也由於他禪修精進，心眼漸開，最後乃得到天眼通，有「天眼第一」的雅號。⑳流灌　即孫陀羅難陀，簡稱「難陀」。是佛的堂弟。家有豔妻，因沉溺於其妻的美色，不願出家。後來為佛方便度化，結果證得阿羅漢果。㉑堅伏　佛的弟子，生平不詳。名字中含有信心堅定、獨居修行的含義。㉒面王　佛的弟子。以衣著破爛聞名，號稱「弊衣第一」。《增一阿含經》曰：「著弊惡衣，無所羞恥，所謂面王比丘是。」另有一說認為，面王就是薄拘羅，為舍衛國長者之子，幼時落入河中，為一大魚所吞，被人捕撈後賣到了集市。買魚者從魚腹中得到仍然生存的薄拘羅。薄拘羅之父母聽說後來認領兒子，但買魚者不同意。後由國王判為兩家共養。出家後，修行勤勉。相傳終生無病，壽命達一百六十歲，號稱「世壽第一」。㉓異乘　聽聞佛說法的聽眾。因為戒行出眾，不同於普通人，故稱異乘。㉔仁性　音譯尸利羅、尸婆羅、世跋羅、施跋羅等。佛弟子之一。剎帝利種出身。其人秉性仁慈，故有此名。相傳在過去世曾以財物施與貧者，至佛出世後為佛弟子，得阿羅漢果。㉕喜樂　佛陀的弟子。原為牧牛者，為與上述之「孫陀羅難陀」區別，佛典中多稱之為「牧牛難陀」。依佛典所載，當頻婆娑羅王請佛及僧三月安居時，牧牛難陀住於附近，日日送奶酪，如是三月不怠。受到頻婆娑羅王讚許，遂令拜見佛陀。牧牛難陀於參詣之時，以牧牛之事問佛，佛即以十一事為彼說牧牛之法。牧牛難陀始起恭敬之心，發心出家，而成為佛弟子。㉖善來　佛弟子之一。靠行乞維持生活，後遇佛陀。傳說佛陀教他用青蓮花供養僧眾，於是回憶起前生曾修青處觀。其後又聞佛陀說法，於是剃髮出家，證得阿羅漢果。後來因為飲酒過量，醉臥於地，於是釋尊為他說飲酒的過錯，並制定了飲酒的禁戒。㉗羅云　即羅侯羅，為佛陀之子，十大弟子之一。其出家後，嚴守戒律，精進修道，終證阿羅漢果，並以「密行第一」著稱。㉘阿難　佛陀十大弟子之一，以「多聞第一」聞名。為佛陀堂弟，出家後一直侍奉佛陀，直至佛陀入滅。曾勸說佛陀允許姨母出家，開創了女性出家的先河。佛陀去世後，和迦葉一起參與了佛經的第一結集。㉙上首　佛的眾弟子中比較出色和重要者。既可指一人，也可指多人。泛指僧團中的核心人物。後來禪宗「首座」的稱謂與此意思相同。

【語譯】這些人都是大菩薩、聖人、羅漢，都有超出常人的智慧、能力，對於世間一切的人、物、事、理都能通達明瞭。他們分別是了本際、正願、正語、大號、仁賢、離垢、名聞、善實、具足、牛王、優樓頻蠡迦葉、伽耶迦葉、那提迦葉、摩訶迦葉、舍利弗、大目揵連、劫賓那、大住、大淨志、摩訶周那、滿願子、離障閡、流灌、堅伏、面王、異乘、仁性、喜樂、善來、羅云、阿難，都是僧團中的出色人物。

又與大乘眾菩薩❶俱：普賢菩薩❷、妙德菩薩❸、慈氏菩薩❹等，此賢劫❺中一切菩薩。又賢護❻等十六正士❼：善思議菩薩、信慧菩薩、空無菩薩、神通華菩薩、光英菩薩、慧上菩薩、智幢菩薩、寂根菩薩、願慧菩薩、香象菩薩、寶英菩薩、中住菩薩、制行菩薩、解脫菩薩，皆遵普賢大士之德，具諸菩薩無量行願❽，安住一切功德❾之法，游步十方❿，行權方便⑪，入佛法藏⑫究竟彼岸⑬，於無量世界現成等覺⑭。

【章　旨】參加此次法會的還有普賢、文殊、彌勒等三大菩薩，以及十五位大菩薩（經中說十六位大菩薩，但只說了十五位菩薩）。

【注　釋】❶菩薩　菩提薩埵之略稱，意譯為「覺有情」、「開士」、「大士」等。在小乘佛教中，菩薩特指證道前的佛，包括現在世的釋迦牟尼及前世曾為的鹿王、猴王、象王、兔王、轉輪王等。在大乘佛教中，菩薩所指逐漸泛化，既可以用來稱謂那些已經覺悟，但為了化度眾生而不證入涅槃的人，比如觀音菩薩、普賢菩薩等。也可以用來稱謂那些發起必定成佛的信心，將來一定成佛的普通佛教修行者。❷普賢菩薩　音譯為「三曼多跋陀羅菩薩」，中國佛教四大菩薩之一。在佛教的造像中，普賢乘白象侍立於釋迦牟尼佛的右側，右手持金剛杵，左手持金剛鈴。傳統上，以四川峨眉山作為普賢菩薩的道場。從義理的角度看，普賢菩薩代表了佛教的願和行。普賢行願，指十大願，即：㈠禮敬諸佛，常禮敬一切佛。㈡稱讚如來，常稱讚如來之德。㈢廣修供養，常侍奉一切佛，並予最上之供養。㈣懺悔業障，常懺悔無始以來之惡業，並遵守淨戒。㈤隨喜功德，常隨喜一切佛、菩薩乃至六趣、四生所有之功德。㈥請轉法輪，常禮請一切佛宣說教法。㈦請佛住世，請求佛、菩薩不入涅槃，而能住於世間說法。㈧常隨佛學，常隨毗盧遮那佛，而學佛之教法。㈨恆順眾生，應眾生種別，而作種種供養。㈩普皆回向，將以上功德，回向於一切眾生，以完成佛果之願。如果能將以上十種行願相續不斷實踐力行，則可完成普賢菩薩之諸行願海。又人若能以深信之心，受持大願，或讀誦或書寫，亦可得種種功德。此說出自《華嚴經・普賢行願品》，此經也被後世的淨土信仰者作為淨土基本經典之一。❸妙德菩薩　即「文殊師利菩薩」，簡稱「文殊菩薩」，中國佛教四大菩薩之一。在佛教的造像中，和普賢同為釋迦牟尼佛的左右侍者。文殊在左側，右手持劍，左手持青蓮花，座騎為獅子。文殊在佛教中是智慧的代表，其道場是山西五臺山。❹慈氏菩薩　「彌勒菩薩」的意譯。彌勒原為釋迦牟尼佛座下大弟子之一，由於他即將繼釋迦牟尼佛之後，在閻浮提世界成佛，所以也稱他為彌勒佛。彌勒菩薩現居兜率天，經過一生，即經過兜率天之四千歲，亦即人間五十六億七千萬（一說五十七億六千萬）年之後，彌勒菩薩將降生到人間，而在華林園龍華樹下成佛。並舉行了三次盛大的法會，救度眾生無數。這三次度眾法會，號稱「龍華三會」。因為彌勒繼釋迦牟尼之後成佛，所以又可稱為「一生補處菩薩」。彌勒菩薩的信仰在印度、中亞、中國、日本、朝鮮等地都曾經流行。我國晉代的道安、唐代的玄奘、現代的太虛，都是彌勒菩薩的信仰者。唐代末年的布袋和尚，慈悲度眾，弘化一生。在示寂時曾遺有一偈云：「彌勒真彌勒，分身千百億，時時示時人，時人自不識。」後世佛教徒以之為彌勒菩薩的化身。我國歷代有關彌勒菩薩的圖像，大多是以布袋和尚為依據而繪製的。這也是在中國最為深入人心的彌勒菩薩形象。❺賢劫　劫是印度人指極長時間之用語。賢劫，為佛典中所述之宇宙循環過程中之一個階段。具體指從人壽四萬八千歲起，每一百歲減一歲，減至人壽十歲時開始增加，每一百歲增加一歲，增至四萬八千歲為止，這個一增一減的時間長度稱為一小劫，二十個小劫合在一起為一中劫。經歷成、住、壞、空四個中劫為一大劫。而過去的大劫叫做莊嚴劫，現在的大劫為賢劫，未來的大劫稱為星宿劫。❻賢護　相傳為一富商之子，皈依佛法後，獲得了殊勝的功德果報，是佛教中常說的八大菩薩或十六大菩薩之一。另外，因為禪宗傳說賢護在浴室沐浴時，突然證悟無所有的道理，基於此說，禪宗於是在浴室安置賢護之像。❼十六正士　正士是菩薩的意譯。十六正士即指各種經論中普遍列舉的十六位菩薩。又作十六大士、十六賢士、十六善丈夫、十六丈夫眾、十六菩薩。各經中對於十六菩薩的名稱所說各有不同。本經僅列有十五位菩薩的名號。而這十六菩薩的名號都與他們的德行有關，是因德行命名。❽行願　修行與誓願，又稱願行。就誓願而言，又有總願和別願的分別。總願即菩薩所發的四大願：眾生無邊誓願度，煩惱無盡誓願斷，法門無量誓願學，佛道無上誓願成。別願則有多種，如常見的普賢十願、千手觀音的六大願等。在菩薩修行過程中，行與願，皆不可少。❾功德　功能與福德，指修善積德所獲得的果報。❿十方　為四方、四維、上下之總稱。即指東、西、南、北、東南、西南、東北、西北、上、下。⓫權方便　佛、菩薩為使眾生獲得解脫所使用的權宜之計為權；所應用的方法，能適用於大眾，為方便。⓬佛法藏　即如來藏、真如、法性。⓭究竟彼岸　即究竟涅槃。究竟，形容至高無上的境界。彼岸，比喻超越生死海，到達覺悟的涅槃境界。此為佛教修行的終極目標，故稱為究竟彼岸。⓮等覺　有兩種含義：一是佛的別稱。等是平等，覺是覺悟，諸佛的覺悟，平等一如，故名等覺。二是指大乘五十二階位中，第五十一位，名為等覺，即十地位滿，將證佛果之中間階段，因其智慧功德，等似妙覺，故名等覺，又名一生補處，或金剛心菩薩。此處當指前者。

【語　譯】參加佛說法會的尚有大乘的諸位大菩薩：比如現在賢劫的普賢菩薩、文殊菩薩、彌勒菩薩等。此外以賢護為首的十六位菩薩：善思議菩薩、信慧菩薩、空無菩薩、神通華菩薩、光英菩薩、慧上菩薩、智幢菩薩、寂根菩薩、願慧菩薩、香象菩薩、寶英菩薩、中住菩薩、制行菩薩、解脫菩薩等也都謹遵普賢之德行，發大誓願、行普賢行，具備佛菩薩的各種功德，遊行十方，隨處變化身形，洞徹真如本性，進入彼岸世界，在無量的世界中都獲得徹底的覺悟。

處兜率天❶，弘宣正法，捨彼天宮❷，降神母胎❸。從右脇生，現行七步❹。光明顯曜，普照十方。無量佛土，六種振動❺。舉聲自稱，吾當於世為無上尊❻。釋梵❼奉侍，天人❽歸仰。示現算計，文藝射御，博綜道術，貫練群籍。遊於後園，講武試藝。現處宮中色味之間，見老病死，悟世非常[9]。棄國財位，入山學道。服乘白馬，寶冠瓔珞，遣之令還。舍珍妙衣，而著法服[10]，剃除鬚髮。端坐樹下，勤苦六年，行如所應。現五濁[11]剎[12]，隨順群生，示有塵垢[13]，沐浴金流[14]。天按樹枝，得攀出池。靈禽翼從，往詣道場[15]。吉祥感徵，表章功祚。哀受施草，敷佛樹[16]下，跏趺而坐[17]。奮大光明[18]，使魔知之。魔率官屬，而來逼試，制以智力，皆令降伏。得微妙法，成最正覺。釋梵祈勸，請轉法輪[19]。以佛游步[20]，佛吼[21]而吼。扣法鼓[22]，吹法螺[23]，執法劍[24]，建法幢[25]，震法雷[26]，曜法電[27]，澍法雨[28]，演法施[29]。常以法音[30]，覺諸世間。光明普照無量佛土。一切世界，六種震動。總攝魔界，動魔宮殿，眾魔懾怖，莫不歸伏。摑裂邪網，消滅諸見[31]。散諸塵勞[32]，壞諸欲塹。嚴護法城，開闡法門。洗濯垢汙，顯明清白。光融佛法，宣流正化。入國分衛[33]，獲諸豐膳。貯功德，示福田[34]。欲宣法，現欣笑，以諸法藥，救療三苦[35]。顯現道意無量功德，授菩薩記㊱，成等正覺㊲。示現滅度㊳，拯濟無極，消除諸漏㊴，殖眾德本，具足功德，微妙難量。

【章　旨】此段主要讚歎釋迦牟尼佛八相成道的過程，即從兜率天下降、入胎、出生、出家修道、降魔、證悟、轉法輪、證入涅槃的八個重要成佛過程。

【注　釋】❶兜率天　又作都率天、兜術天、兜率陀天、兜率多天、兜師陀天、睹史多天等。意譯知足天、妙足天、喜足天、喜樂天。三界中欲界六天的第四天，位於夜摩天與樂變化天之間，距夜摩天十六萬由旬，在虛空之上，長寬八萬由旬。此天分為內外兩院，外院為天等世俗眾生所居的地方，內院則為候補佛的居住處。居住在外院的此天天眾壽量四千歲，其一晝夜相當於人間四百年。若加以換算，其壽量為人間五億七千六百萬年。其繁殖後代的方式也頗為獨特，男女執手就能懷孕。初生之兒如人間小孩八歲大，形色圓滿，衣服自然而有。七日成人，身長四由旬，天衣長八由旬，廣四由旬，重一銖半。而作為即將成佛者所居的內院，則是佛教信眾的嚮往之地。釋迦牟尼成佛以前，在兜率天，從天降生人間成佛。未來成佛的彌勒，也住在兜率天，將來也從兜率天下降成佛。兜率天的彌勒菩薩住處，是一個清淨莊嚴的所在，是後來彌勒信仰者的嚮往之處。❷天宮　此處天宮即指兜率天宮。相傳佛成道的八相中第一相即是從兜率天宮下降。❸降神母胎　相傳佛陀乘六牙白象，在其母摩耶夫人入睡時從右肋入於胎中。❹從右脇生二句　傳說佛陀乃是從摩耶夫人右肋生出，出生後即能站立行走，並且走了七步。❺六種振動　大地震動，共有六種。佛經中常說的有三類：㈠六時震動，即佛入胎、出胎、出家、成道、轉法輪、入涅槃時所產生的震動。㈡六方震動，即東湧西沒、西湧東沒、南湧北沒、北湧南沒、邊湧中沒、中湧邊沒。㈢六相震動，即動、湧、震、擊、吼、爆。❻無上尊　在人天中，佛最尊貴，故號無上尊。❼釋梵　又作梵釋，指帝釋與梵王。原為婆羅門之神靈，後來佛教把此二神靈改造為經論中常見的佛教守護神。❽天人　指六道或五道中的天和人兩種存在形式。❾非常　即無常。佛教認為一切有為法，生滅變化而不常住。也有說為兩種無常，即：㈠念念無常，指一切有為法之剎那生滅。㈡相續無常，指相續之法壞滅，如人壽命盡時則死滅。❿法服　即袈裟，出家人所穿的衣服。⓫五濁　指五種惡劣的生存狀態。在佛教的宇宙觀裡，是指減劫時所起的五種汙濁。即劫濁（充滿疾病、戰爭、飢餓和各種災難的時代）、見濁（邪見盛行）、煩惱濁（貪嗔痴盛行的時代）、眾生濁（眾生充滿邪惡，不孝敬父母尊長，不畏惡業果報）、命濁（眾生壽命短促，能活到百歲者極少）。具有這五種惡劣生存狀態的時代，謂之為「五濁惡世」。⓬剎　梵語剎多羅之略。音譯又作差多羅、掣多羅、剎摩。意譯為土田、國土、處等。⓭塵垢　即塵埃與汙垢。⓮金流　指印度恆河之支流尼連禪河。又稱尼連禪江、尼連江水。釋迦牟尼放棄苦行後，在此沐浴淨身，接受牧女乳糜的供養，渡河到對岸的菩提樹樹下，靜坐思考，最後獲得了覺悟。⓯道場　廣義上指所有修行佛法的場所，特指佛成道的聖地。隋煬帝曾下令將天下寺廟改稱道場，故道場又是寺廟的別稱。⓰佛樹　即菩提樹。釋迦牟尼在此樹下證悟解脫，所以又稱為佛樹。⓱跏趺而坐　佛教中的坐法，即盤腿而坐。佛典中認為此種坐法最為安穩而不易疲倦。通常有二種：若先把右腳放到左腿上，再以左腳放在右腿上，叫做降魔坐；若先以左腳放在右腿上，再以右腳置於左腿上者，則叫做吉祥坐。⓲奮大光明　指佛菩薩身上所發出的各種光芒。奮，即放、發之意。⓳轉法輪　即是宣講佛法。法輪，指佛法。相傳在古印度，轉輪聖王有車輪之寶，能摧破眾魔，降伏敵人。佛教以此輪比喻佛法，其義有三：㈠催破之義，因佛法能摧破眾生之罪惡，猶如轉輪聖王之輪寶，能輾摧山嶽岩石，故喻之為法輪。㈡輾轉之義，因佛之說法不停滯於一人一處，猶如車輪輾轉不停，故稱法輪。㈢圓滿之義，因佛所說之教法圓滿無缺，故以輪之圓滿喻之，而稱法輪。⓴佛游步　指佛陀遊行各處，教化眾生。㉑佛吼　又作獅子吼，比喻佛之說法。佛在大眾面前說法，無所畏懼，如同獅子之咆哮。

獅子為百獸之王，佛亦為人中之至尊，稱為人中獅子，故用此譬喻。㉒法鼓　用來比喻佛講說佛法，如同兩軍交戰中所擂的戰鼓一樣，用來激發眾生的信心，令他們勇猛精進。㉓法螺　用來比喻佛所說法，好比吹法螺一樣，能夠傳播到遠處，使眾生獲益。㉔法劍　比喻佛法如劍。佛法可以制伏眾生煩惱，如同利劍可以戰勝敵人。㉕法幢　比喻佛法如幢。幢指幢幡，即旌旗。戰爭中勝利者將自己的旗幟豎起來表示戰勝了敵人，所以這裡以法幢比喻佛菩薩之說法戰勝了眾生的煩惱。㉖法雷　比喻眾生聽佛說法，如雷貫耳。㉗法電　比喻佛法如同閃電，能在瞬間照亮大地。㉘法雨　比喻佛法如同春雨，能夠滋潤眾生。㉙法施　即法布施，是佛教所說的三布施（法、財、無畏）之一，指為人講說佛法，使人受益。㉚法音　說法的聲音。㉛諸見　一切偏斜之見。㉜塵勞　煩惱的別名。指凡夫為塵世中事情勞累，身心疲憊，故曰塵勞。㉝分衛　指乞食。出家人為維持肉體之生命，而向信徒求乞布施。㉞福田　指可以生出功德和幸福的田地。佛教認為布施、供養等宗教行為，如同農民種地播種一樣，將來必定有所收穫。佛教中有三福田、四福田等不同說法。比如三福田分別指：敬田，恭敬供養佛、法、僧三寶；恩田，報答父母及師長的恩情；悲田，同情幫助貧窮之人及患病之人。㉟三苦　即苦苦（從疾病、飢餓等心身所受之苦）、壞苦（失去自己喜愛的東西的痛苦）、行苦（世事變遷無常的痛苦）。㊱授菩薩記　即為菩薩授記。授記，佛對有根基的眾生預先記錄在冊，認定在經過若干年後，一定成佛的一種做法。㊲等正覺　梵語「三藐三菩提」的意譯，指佛所獲得那種終極覺悟狀態。㊳滅度　即涅槃，滅生死之苦，度煩惱之流。㊴諸漏　諸種煩惱。漏，煩惱的別名，含有漏洩和漏落二義。貪瞋等煩惱，不斷地通過人的眼、耳、鼻、舌、身、意等六根進入人的內心，所以叫做漏。此外，煩惱又能使人漏落於三惡道之中，所以也叫做漏。

【語　譯】釋迦牟尼成佛之前為大菩薩，住在兜率天宮。為了弘揚佛法，離開天宮，乘六牙白象，從其母摩耶夫人入胎。隨後又從摩耶夫人右肋誕生，出生後即行走七步。誕生時天地之間放出光明，照耀無邊的世界。大地為之震動，顯現無量的異相。釋迦牟尼一手指天、一手指地說：「天上天下，唯我獨尊。」隨後即有梵天神護衛左右，為天、人二道的眾生所敬仰。佛陀生於帝王之家，聰慧異常。既能文，又能武。在文的方面，各種典籍、計算之術無不精通；在武的方面，射箭、駕馭樣樣超群。他雖身處宮中，盡享美色與美味，但在他出城遊行的途中，碰到了老人、病人、死人後，頓覺人生無常。於是捨棄王位，將穿的衣服和所乘的白馬，以及寶冠、身上所佩帶瓔珞送還王宮。脫下了華麗輕軟的宮服，穿上了粗硬的沙門服裝，剃掉了頭髮和鬍鬚，過著出家人的生活。隨後端坐樹下，修習苦行，每天只吃很少的東西。辛勤修行六年，順應正道而行之。佛陀之所以不住在兜率天宮，而來到這個哀鴻遍野、邪見盛行、貪欲横流、邪惡當道、壽命短促的五濁世界，是為了向眾生展示世界的染汙。經過六年苦行的生活後，佛陀在尼連禪河中洗淨了身體。天眾為他按下了樹枝，佛陀攀著樹枝從河中來到對岸。在各種靈異的鳥禽的伴隨下，走向道場。各種吉祥的景象紛紛出現，來表現佛陀的功德。烏為佛陀銜草，鋪墊在菩提樹下。佛陀在此跏趺而坐，發出各種光明，遮蔽了魔鬼的宮殿。魔鬼震怒，率令眾鬼卒前來考驗佛陀。佛陀以智慧制服了魔鬼，降伏了魔眾。佛陀經受了考驗，獲得了徹底的覺悟。在帝釋梵天的祈求和勸說下，佛陀開始宣講佛法。從此之後，佛陀遊行各地，在眾生中宣講佛法，無所畏懼。常常擂起法鼓、吹起法螺、執起法劍、擎起法幢、震起法雷、閃耀法電、施起法雨，以佛法給與眾生，以說法覺悟世間有情。佛陀所放的光明，能照徹無量的世界。一切世界，產生了種種震動。光明遮蔽魔鬼世界，震動了魔鬼的宮殿，眾魔無不驚怖，紛紛歸順於佛陀。佛陀撕裂了邪見之網，消滅各種偏見，驅散了各種煩惱，斷絕了種種欲望。佛陀一方面嚴守佛法之城，另一方面又敞開佛法之門接納眾生。洗去他們的汙垢，顯現清白之相。佛陀教化眾生，如同陽光普照。佛陀進入城中化緣，常常能得到豐盛的飲食。供養者也因布施而獲得許多的功德，如同在田間種下了能獲得各種福德的種子。佛陀在說法前常以和藹的微笑示人，然後以佛法作藥，治療眾生所受的各種痛苦。佛陀還為眾生成為菩薩，獲得覺悟做預言，顯現佛法的無量功德。最後，佛陀涅槃，而佛陀涅槃所顯現的意義是無窮的。這象徵著對於眾生的救度是無限度的，象徵著消除諸種煩惱，象徵著培植眾生解脫的根基，總之，功德無量，玄妙難測！

游諸佛國❶，普現道教❷。其所修行，清淨無穢。譬如幻師❸，現眾異像。為男為女，無所不變。本學明了，在意所為。此諸菩薩，亦復如是。學一切法，貫綜縷練。所住安諦❹，靡不感化。無數佛土，皆悉普現。未曾慢恣，愍傷眾生。如是之法，一切具足。菩薩經典，究暢要妙。名稱普至，導御十方。無量諸佛，咸共護念❺。佛所住者，皆已得住。大聖❻所立，而皆已立。如來❼導化，各能宣布。為諸菩薩，而作大師。以甚深禪慧，開導眾人。通諸法性❽，達眾生相❾。明了諸國，供養諸佛。化現其身，猶如電光。

【章　旨】此一小節承接上一部分，除了繼續讚歎佛的教化功德外，對於菩薩所具有的美好德行也給予了稱讚。

【注　釋】❶佛國　佛陀所教化的國度。❷道教　通常指形成於東漢時期的，以老莊思想和神仙信仰及民間方術混合而成的中國傳統宗教派別。但在佛教傳入中國的早期階段，道教一詞也常用來指稱佛教。此處道教就是指佛陀的教法。❸幻師　如同現在所說的魔術師，以各種方法，變現不可思議的事情。❹安諦　安，安立，指世俗的世界。諦，真實，指真理的世界。❺護念　保護和憶念。即謂佛、菩薩等保護佛教徒，使免於各種危險和保持對佛教的信心。具體又可分為兩種：佛菩薩經常守護佛教徒，如影隨形，不離片刻，使惡鬼等障害不能親近其身，故稱影護護念。諸佛菩薩立下誓願，保證如果眾生奉行佛法，就會得到無窮利益，稱為證誠護念。❻大聖　對佛的尊稱。❼如來　佛的十種稱號之一。意為如實而來，乘真實之理而來。❽法性　又名實相、真如、法界、涅槃等。意為諸法的本性、不變性。❾眾生相　指眾生對個體心身所產生的四相之一。四相又作四見、我人四相、識境四相。即：㈠我相，眾生錯誤地認為「我」為實有。㈡人相，以「我」實有為前提，眾生錯誤地認為有他人的真實存在。㈢眾生相，我與他都是實有，構成了一個集體的我，並認為這是真實的。㈣壽者相，眾生認為人的生命過程是真實的。上述的四相都是人的錯誤見解，正確的看法應該是，四相都是虛幻不實的假象。

【語　譯】佛陀遊行各處，隨處演說佛法。雖然隨眾生不同而變現不同形象來教化他們，但佛陀自身的修行，是清淨無染汙的。這就如同魔術師一樣，能變化令人稱奇的各種形象。或者是男，或者是女，沒有不能變的。這一切都是因為他精通變魔術的原理，所以就能夠隨意變化。對於諸菩薩來說，也是如此。他們學習各種知識，並加以綜合貫通，做到了條理清楚、內容熟練。那麼，無論是在世俗的世俗世界，還是在真實存在的彼岸世界，都能夠隨意變化，感化眾生。在無量的世界中，也能夠同時顯現。從來沒有對眾生傲慢而放任不管，他們時時刻刻對眾生保持同情、悲憫的態度。這一切，是諸菩薩全都具有的，未曾缺少。而在大乘菩薩的經典中，對這些問題，都做了細緻的探討。菩薩也以各種不同的名稱，開導、教化眾生。而無量的佛也都共同保護佛教徒，使他們免於傷害，保持對佛法的信心。佛所住的世界，菩薩也能共住，佛所確立的諸種佛法，菩薩毫無疑問也能夠確立。佛如來的教法能以各種方式表現出來，或為菩薩，或為佛，用極其高深的禪定與智慧，來開導眾生。諸佛菩薩也能以其智慧，觀察到諸法本性，照見眾生差別之相狀的虛幻本質。同時，洞察整個宇宙的真實體相，以鮮花、讚歎等供養諸佛。並且都能隨意變化其身體，猶如閃電。

善學無畏之網，曉了幻法，壞裂魔網❶，解諸纏縛，超越聲聞❷、緣覺❸之地，得空、無相、無願三昧❹。善立方便，顯示三乘❺，於此中下而現滅度❻。亦無所作，亦無所有，不起不滅，得平等法。具足成就無量總持❼，百千三昧，諸根智慧，廣普寂定❽，深入菩薩法藏，得佛華嚴三味❾，宣揚演說一切經典。住深定門，悉睹現在無量諸佛，一念❿之頃，無不周遍。濟諸劇難⓫，諸閑不閑⓬。分別顯示真實之際，得諸如來辯才之智。

【章旨】此段側重描述和讚歎佛菩薩所具有的智慧和禪定境界。

【注釋】❶魔網　指世間一切有漏法，猶如羅網，遮蔽眾生，不得解脫。❷聲聞　聽聞佛說法的音聲，聽聞四諦的道理而獲得解脫的人。在大乘佛教中和緣覺一起被稱為二乘人，是層次比較低的修佛道者。❸緣覺　指在未聽聞佛法的情況下，獨自悟解了人生無常、十二因緣的道理而獲得覺悟的人。❹空無相無願三昧　三昧，禪定的境界，即將心凝注於一處而不動的一種狀態。觀察一切諸法皆無實體，叫空三昧；既知諸法皆空，進一步觀察一切法相實無有相，故稱無相三昧；一切法，體、相皆無，因此在三界中無有願求，所以說無願三昧。❺三乘　即聲聞、緣覺和菩薩。❻滅度　即涅槃。❼總持　梵語陀羅尼的意譯，總一切法和持一切義的意思，即指包含諸多義理的咒文。❽廣普寂定　指於一切法中都不生起妄想，進入禪定狀態。❾佛華嚴三昧　簡稱華嚴三昧，又名華嚴定。指普賢菩薩所入之禪定。華嚴宗說有兩種三昧，一是海印三昧，是從果的角度說；一是華嚴三昧，是從因的方面說。據說生起華嚴三昧能夠包容一切佛法，統攝所有法界。❿一念　佛教中用來指極短的時間。其時間長短，諸說不一。其中一種說法認為一百個生滅是一剎那，六十剎那是一念。⓫難　即障礙，常指八種難以解脫的情況。即：㈠在地獄難，㈡在餓鬼難，㈢在畜生難，此處於三惡道的眾生，難以遇到聖人的教化和引導，遭受痛苦煎熬，無法修行。㈣在長壽天難，指色界、無色界諸天只是耽於享樂，不求佛法。㈤在邊地難，指西方極樂世界中邊遠地方的眾生不能聽聞佛法。㈥盲聾喑啞難，即盲者、聾者、啞者，不能聽聞佛法。㈦世智辯聰難，雖有世俗的智慧，很有辯才，也極聰明，但不求佛道，想要獲得解脫同樣很難。㈧生在佛前佛後（二佛中間）難，因為在此期間，沒有佛的教化，難遇佛法。⑫諸閑不閑　指在上述的八難中，天和人兩類眾生所受的苦少，故曰諸閑。但菩薩仍然勸導他們勤修佛法，故曰不閑。

【語譯】佛以無畏的勇氣，宣揚正法，菩薩接受並按此修行，於是洞察一切法虛幻的本質，撕裂障礙善法、纏縛眾生的邪見之網，從各種錯誤見解的束縛中解放出來，超越聲聞和緣覺二乘人的修行成就，獲得了空、無相、無願的三種禪定境界。同時佛菩薩以他們的善巧方便，針對不同眾生，展現聲聞、緣覺和菩薩三種修行方式，並且為了緣覺和聲聞兩類中下的修行者，展現入於涅槃的寂滅狀態。而實際上，佛菩薩既無所作為，也沒有任何果報可得，既無淨法可生起，又沒有染法可消滅，獲得了無上的以無得為得的平等智慧。佛菩薩具有無量的功德，能夠憶念和總攝一切佛法，證入上千種禪定狀態。眼、耳、鼻、舌、身、意之六根所產生的也不再是錯誤的認識，而都是智慧。心念活動能夠平息下來，離開了妄念，深入了大乘佛法中，獲得了包攝一切法界的華嚴三昧，宣講無量的佛法。在深妙的禪定中，一念之間能夠觀察到現在世界中的無量諸佛，沒有遺漏。救濟處於三惡道中的眾生，勸誘人天等勤修佛法。在為眾生隨機說法中展示佛法的真理，獲得辯才無礙的智慧和能力。

入❶眾言音，開化❷一切，超過世間諸所有法。心常諦住度世之道❸，

於一切萬物，隨意自在。為眾生類，作不請之友，荷負群生，為之重任。受持如來甚深法藏❹，護佛種性❺，常使不絕。興大悲，愍眾生，演慈辯，授法眼❻，杜三趣❼，開善門。以不請之法，施諸黎庶，猶如孝子，愛敬父母。於諸眾生，視之若己。一切善本，皆度彼岸。悉獲諸佛無量功德，智慧聖明，不可思議。如是菩薩，無量大士，不可稱計，一時來會。

【章　旨】此段讚歎佛菩薩開導眾生、護持善法的種種勝行。到此為止，《無量壽經》中的這幾小節主要都是對參與這次法會的佛、菩薩的功德進行描述和稱頌。

【注　釋】❶入　此處做解、通達講。❷開化　開，開導。化，教化。❸心常諦住度世之道　就是說真實無妄地住於佛法中。諦，真實無妄。❹法藏　有兩種含義：一是指佛教各類經典含有眾多法門，故稱法藏；二是指如來藏，指清淨的法身雖為染汙法所遮蔽，但本身所包含的無量的性功德卻不會改變，永遠保有。文中含義當指後者。❺佛種性　即眾生所具有的佛性。種，能生義；性，不改義。眾生心中具如來性，本來不變，能生出超過恆河沙數量的功德。❻法眼　係五眼（肉眼、天眼、慧眼、法眼、佛眼）之一，指菩薩為救度一切眾生，洞察一切法門之眼。❼三趣　即三途：㈠火途，充滿烈火的地獄所在處。㈡血途，相互殘殺的畜生所在處。㈢刀途，受刀劍所逼迫的餓鬼所在處。

【語　譯】菩薩通達世界所有眾生的語言，所以能夠開導、教化一切眾生。菩薩的大智慧超過世間的所有諸法。其心安詳，常保持真實無妄的狀態，專注於救度眾生的法門。菩薩通達一切世間法，因而能夠不被萬物所障礙，自由自在。常常為眾生的解脫，做不請而來的朋友。擔負眾生的苦難，感受他們的痛苦。以如來藏所具有的無量功德，護持眾生所具有的佛性，使他們不會斷絕。以大悲之心，同情眾生，苦口婆心地為他們講說佛法的深妙之理，使他們具有洞察諸法本性的法眼，免於輪迴在地獄、餓鬼、畜生三惡道中，開啟向善之門。菩薩根據眾生的根機，不等他們請求，就為他們說法，如同孝子敬愛父母一樣。對待眾生的苦難，如同自己遭受一樣。讓一切具有善根的眾生，都解脫到彼岸。從而獲得諸佛才有的無量的功德、智慧和聖明，這都是不可思議的好處。為了上述的原因，無數的諸大菩薩都來到這裡聚會。

爾時世尊❶，諸根悅豫，姿色清淨，光顏巍巍。尊者阿難，承佛聖旨，即從座起，偏袒右肩❷，長跪❸合掌❹而白佛言：「今日世尊，諸根悅豫，姿色清淨，光顏巍巍，如明鏡淨，影暢表裡。威容顯耀，超絕無量。未曾瞻睹，殊妙如今。唯然大聖，我心念言：今日世尊，住奇特法。今日世雄❺，住佛所住。今日世眼❻，住導師行。今日世英❼，住最勝道。今日天尊❽，行如來德。去來現在，佛佛相念。得無今佛，念諸佛耶？何故威神，光光乃爾？」

於是世尊告阿難曰：「云何阿難，諸天教汝來問佛耶？自以慧見問威顏乎？」

阿難白佛：「無有諸天來教我者，自以所見，問斯義耳。」

佛言：「善哉，阿難！所問甚快。發深智慧，真妙辯才，愍念眾生，問斯慧義。如來以無盡大悲，矜哀三界⑨，所以出興於世，光闡道教，普令群萌，獲真法利。無量億劫，難值難見，猶靈瑞華⑩，時時乃出。今所問者，多所饒益，開化一切諸天人民。阿難當知，如來正覺，其智難量，多所導御。慧見無礙，無能遏絕。以一餐之力，能住壽命，億百千劫，無數無量，復過於此。諸根悅豫，不以毀損。姿色不變，光顏無異。所以者何？如來定慧，究暢無極。於一切法，而得自在。阿難諦聽，今為汝說。」

對曰：「唯然！願樂欲聞。」

【章　旨】此段以阿難發問為引導，說明此經形成的直接原因。按照佛經常見的序分、正宗分、流通分的分法，此段以前為序分，是整個經典的一個鋪墊和序曲。

【注　釋】❶世尊　意為世界最為尊貴者，特指佛陀。是佛的十種名號之一。❷偏袒右肩　即披著袈裟時裸露右肩，遮蓋左肩。原為古代印度表示尊敬的禮節，後來佛教加以沿用，當比丘拜見佛陀或問候老師時，偏袒右肩表示尊敬。❸長跪　佛教的禮節之一，即雙膝跪地，上身直立的跪拜方式。又稱互跪、胡跪等。❹合掌　十指合在一起，置於胸前，稱為合掌。用來表示敬意。❺世雄　佛在世間最為雄健，能斷盡一切之煩惱，故名世雄。❻世眼　佛為世人的眼睛，展現正確的道路。又能開闊世人的眼界，使他們得見正道，所以稱佛為世眼。❼世英　佛是世界中的英傑，故稱佛為世英。❽天尊　即第一義天，是天中最為尊貴者，故稱天尊。❾三界　佛教認為世間眾生所居住的三種空間。即欲界，充滿食欲和性欲的世界；色界，沒有欲望，仍有色體的世界；無色界，沒有色體，但仍然有精神存在的世界。❿靈瑞華　即優曇花，此花為難得的吉祥花。據說此花生芽要一千年，結苞要一千年，開花要一千年。因此需三千年時間才會有一枝花。

【語　譯】此時的佛陀，六根清淨，輕鬆愉悅，面部放光，身形莊嚴偉岸。佛陀的弟子阿難，尊承佛陀的聖旨，從座位上站起來，袒露右肩，然後雙膝跪地，雙手合掌於胸前，對佛說道：「今天，世尊六根清淨，精神愉悅，面部放光，身形高大威嚴。整個身體內外清淨，身心平等，如兩面明鏡，萬像通暢表裡。佛的容貌莊嚴而生動，不可限量，超於一切。我從來也沒有看到如此美妙的色體。是啊，大聖！我心中想：今天的世尊，所住奇妙殊特，不可思議！今天的佛陀，於世間最為勇猛，隨自所住！今天的佛陀，是眾生的眼睛，做眾生的導師，教化三界！今天的佛陀，住於最完美的境界中！今天的佛陀，在天界中最為尊貴，展現了如來的功德。過去、未來、現在三世皆有諸佛護念眾生。其智慧之念，相互映照，難道今天的諸佛不再護念眾生，光光相照嗎？佛陀何故顯現世間，表現如此高深不可測的形象來呢？」

於是，世尊對阿難說：「阿難，是諸天教你來向我詢問？還是你自己以智慧的見解而發問？」

阿難說：「沒有別的諸天讓我來發問，我是自己有疑問才來問佛陀的。」

佛陀說：「好呀，阿難！這個問題問得好。它能夠發人深省，顯現出極高的智慧和論辯能力，同時又體現了對眾生同情憐憫之意。如來以其無盡的大悲心，施與三界眾生，因此佛才顯現於世間，闡揚佛教，期望拯救眾生，給他們以真實的利益。這種事情，在如同無量億劫的時間中，都很難碰到和見到，如同優曇花開花一樣，世間稀有。今天你的問題，有種種的好處，能使天、人等眾生開闊視野。阿難，你應當知道，如來具有無上的覺悟，無量的智慧，能夠教化無量眾生，而不發生錯誤，也沒有任何力量能夠阻擋它。以一餐食的能量，能夠維持壽命千百億劫的時間，或者比此更長或無限長的時間。在這樣長的時間內，如來的色體及各個器官都美好愉悅，不會損壞。其姿色不變，容貌正常。為什麼會這樣呢？因為如來的禪定和智慧，能夠達於一切境界。在一切法中都能夠自由無礙。阿難，我今天為你講說的這些道理，你要認真地聽！」

阿難回答說：「是的，我很願意聽。」

佛告阿難：「乃往過去久遠無量不可思議無央數劫❶，錠光如來❷，興出於世，教化度脫無量眾生，皆令得道乃取滅度。次有如來名曰光遠，次名月光，次名栴檀香，次名善山王，次名須彌天冠，次名須彌等曜，次名月色，次名正念，次名離垢，次名無著，次名龍天，次名夜光，次名安明頂，次名不動地，次名琉璃妙華，次名琉璃金色，次名金藏，次名炎光，次名炎根，次名地種，次名月像，次名日音，次名解脫華，次名莊嚴光明，次名海覺神通，次名水光，次名大香，次名離塵垢，次名捨厭意，次名寶炎，次名妙頂，次名勇立，次名功德持慧，次名蔽日月光，次名日月琉璃光，次名無上琉璃光，次名最上首，次名菩提華，次名月明，次名日光，次名華色王，次名水月光，次名除癡冥，次名度蓋行，次名淨信，次名善宿，次名威神，次名法慧，次名鸞音，次名師子音，次名龍音，次名處世❸。如此諸佛皆悉已過。

【章　旨】從此段開始為正宗分，是此經的正文部分。正宗分主要對無量壽佛及其西方極樂世界這一淨土信仰的核心內容做了闡述，並說明了眾生怎樣才能往生到西方極樂世界。在本段中，首先列舉了阿彌陀佛（即法藏比丘）的老師世自在王佛之前成佛的五十三種如來的名稱。

【注　釋】❶無央數劫　指無數、無盡的時間。央，盡。劫，極長的時間。❷錠光如來　即燃燈佛。曾在過去世預言釋迦牟尼將於未來成佛，又作定光如來、普光如來、燈光如來。佛經中記載說，燃燈佛剛出生的時候，四方通明，日、月等的光芒都被掩蓋了，所以稱為燃燈佛。❸次有如來名曰光遠五十二句　此處所列一共有五十三種如來，都是阿彌陀佛（前身為法藏菩薩）的老師世自在王佛以前出世的佛。關於此五十三佛，因譯本不同，在數量及次序上也有不同的說法。就數量而言，《平等覺經》（漢譯）說三十六佛、《大阿彌陀經》（吳譯）作三十三佛、《無量壽如來會》（唐譯）作四十一佛、《無量壽莊嚴經》（宋譯）為三十七佛，現存梵本及西藏譯本則列出八十一佛（或作八十佛）。就次序而言，漢、吳、魏三譯本及梵本皆以錠光佛為始，次第出世至世自在王佛為終。唐、宋及西藏譯本則相反，以世自在王佛開始，最後是錠光佛。

【語　譯】佛告訴阿難：「在過去的久遠無量的時間裡，有燃燈佛出現在世間，教化解救了無數的眾生，使他們都獲得了覺悟，證得涅槃。其後，次第有光遠、月光、栴檀香、善山王、須彌天冠、須彌等曜、月色、正念、離垢、無著、龍天、夜光、安明頂、不動地、琉璃妙華、琉璃金色、金藏、炎光、炎根、地種、月像、日音、解脫華、莊嚴光明、海覺神通、水光、大香、離塵垢、舍厭意、寶炎、妙頂、勇立、功德持慧、蔽日月光、日月琉璃光、無上琉璃光、最上首、菩提華、月明、日光、華色王、水月光、除癡冥、度蓋行、淨信、善宿、威神、法慧、鸞音、師子音、龍音、處世等五十二佛相繼出現教化眾生。這些佛全都是過去世的諸佛。

「爾時次有佛，名世自在王❶，如來、應供、等正覺、明行足、善逝、世間解、無上士、調御丈夫、天人師、佛、世尊❷。時有國王，聞佛說法，心懷悅豫，尋發無上正真道意。棄國捐王，行作沙門，號曰法藏❸。高才勇哲，與世超異。詣世自在王如來所，稽首佛足❹，右繞三匝❺，長跪合掌，以頌讚曰：

『光顏巍巍，　威神無極。
如是炎明，　無與等者。
日月摩尼❻，　珠光炎耀，
皆悉隱蔽，　猶如聚墨❼。
如來容顏，　超世無倫。

正覺大音[8]，響流十方。
戒聞精進[9]，三昧智慧，
威德無侶，殊勝希有。
深諦善念，諸佛法海，
窮深盡奧，究其崖底。
無明欲怒，世尊永無，
人雄師子[10]，神德無量。
功德廣大，智慧深妙，
光明威相，震動大千。
願我作佛，齊聖法王，
過度生死[11]，靡不解脫。
布施調意，戒忍精進，
如是三昧，智慧為上。

吾誓得佛，普行此願，
一切恐懼，為作大安。
假令有佛，百千億萬，
無量大聖，數如恒沙，
供養一切，斯等諸佛，
不如求道，堅正不卻。
譬如恒沙，諸佛世界，
復不可計，無數剎土，
光明悉照，遍此諸國。
如是精進，威神難量。
今我作佛，國土第一。
其眾奇妙，道場超絕。
國如泥洹，而無等雙。

我當愍哀，度脫一切，
十方來生，心悅清淨。
已到我國，快樂安隱，
幸佛信明，是我真證。
發願於彼，力精所欲。
十方世尊，智慧無礙，
常令此尊，知我心行。
假令身止，諸苦毒中，
我行精進，忍終不悔。』

【章旨】此一小節中描述了無量壽佛的前世法藏比丘跟隨世自在王佛出家，並以法藏菩薩的口吻讚歎了世自在王佛的功德。

【注釋】❶世自在王　過去佛之一，是法藏比丘的老師。世自在王的名稱含義是救度世間眾生而獲得自在。❷如來句　都是佛的不同名稱，稱為佛的「十種名號」。雖然號稱十號，但一般都列有十一種名字。

部分經典亦有僅列舉十號者，即將世間解、無上士合為一號，或將佛、世尊合為一號，或將無上士、調御丈夫合為一號等諸說。其中，應供指佛功德圓滿、福慧具足、應受天上人間供養、饒益有情，故號應供。明行足，指佛具足宿命明、天眼明、漏盡明等三種神通與一切身、口、意三行真正清潔。善逝，與如來之義相對，指如實到彼岸世界去，不再退轉於生死之海。世間解，了解世間一切因果之法。無上士，人中最勝，無有超過者。調御丈夫，指佛能教導、駕馭眾生，令眾生得度，具有男子漢大丈夫的力用。❸法藏　指在阿彌陀佛成佛之前的名字。在成佛之前，法藏原是世間的國王，後來聽聞世自在王佛說法，放棄王位，出家修行，成為西方極樂世界的阿彌陀佛。❹稽首佛足　佛教的禮節之一。即匍匐地上，以頭觸地。行此禮時，常用手觸摸被禮拜者的雙腳，因此又稱「接足禮」。❺右繞三匝　佛教的禮節之一。即向右環繞佛、菩薩、羅漢等像以及佛塔、寺廟等處所，表示尊敬之義。❻摩尼　各種珠寶的通稱。❼聚墨　比喻極其黑暗。❽正覺大音　指佛以美妙的聲音，傳播佛法於四方。❾戒聞精進　戒，遵守戒律。聞，多聽佛法。精進，勤於修行而不懈怠。❿人雄師子　佛的代稱之一。佛在人世中最為傑出，所以稱人雄。師子，即獅子，為百獸之王，同樣比喻佛的地位無人可比。⓫過度生死　不僅自己脫離生死苦海，而且幫助眾生都脫離生死苦海。

【語　譯】「此時有佛名叫世自在王出現世間，又稱如來、應供、等正覺、明行足、善逝、世間解、無上士、調御丈夫、天人師、佛、世尊。世間有一個國王，聽聞佛說法，滿心歡喜，隨即發起證悟之心。於是，拋棄了國家，捨棄了王位，做了一名沙門，專心修道，名號法藏。他既有智慧，又有勇氣，完全不同於那些耽於世間享樂的人。一天，他來到了世自在王居住的地方，向他行禮，並右繞三圈，匍匐於佛前，雙手合掌，讚頌說：

『佛的光明無與倫比，功德和神力無有窮極。

這樣的光明和閃耀，從來沒有過。
日、月、珠寶等，所發之耀眼光芒，
同佛光相比，都黯然失色，如同一團黑墨。
佛的容顏，超越世間，無人可比。
所傳達的菩提之音，達至十方。
佛的戒行、多聞、精進、禪定智慧，
佛的威嚴與德行，舉世無雙，殊勝少有。
佛以深刻的智慧，體悟佛法之廣闊，
窮盡奧祕，探究真實。
佛永無欲望，亦無無明，
如人中豪傑，獸中獅子，神通功德無量。
佛的功勳廣大，智慧深妙，
光明威嚴之相，震動大千世界。
我願意將來成佛，如同世自在王佛一樣，
救度終生，解脫一切。
我願意修行布施，制止惡的念頭，遵守戒律，忍辱負重，
修行禪定，保有智慧。
我發誓成佛，無論何時何地，

都將救度無邊處於生死恐懼中的一切眾生。
假如有佛成千上萬，
無量的如來，如恆河沙數，
供養這一切的佛如來，
實不如發心堅定，永不退轉。
又如佛土無量，如同恆河之沙數，
在此無量的世界中，充滿了光明。
佛於此世界中，不斷教化，神力功德無量。
假令我作佛的話，我的國土超越諸土而居第一。
在此極樂世界中，眾生容顏奇特，皆能成佛獲覺悟。
此國土即是涅槃世界，唯一而無有可比。
我會同情眾生，解救十方世界中的一切眾生，
讓他們充滿歡喜，身心清淨。
凡到我的國土的眾生，無不快樂滿足，
佛是誠心英明的，祂能為此作證。
於此處發誓，並勤奮修行。
十方世界的諸佛，智慧明察，
常能知悉我的心願。

即使身體遭受各種苦難，
仍要勇猛精進，決不放棄反悔。』

佛告阿難：「法藏比丘說此頌已，而白佛言：『唯然世尊，我發無上正覺之心，願佛為我廣宣經法。我當修行，攝取佛國清淨莊嚴❶無量妙土❷。令我於世，速成正覺，拔諸生死勤苦❸之本。』

佛語阿難：「時世自在王佛告法藏比丘：『如所修行莊嚴佛土，汝自當知。』比丘白佛：『斯義弘深，非我境界❹。唯願世尊，廣為敷演諸佛如來淨土之行。我聞此已，當如說修行成滿所願。』爾時世自在王佛知其高明，志願深廣。即為法藏比丘而說經言：『譬如大海，一人斗量經歷劫數，尚可窮底得其妙寶。人有至心，精進求道，不止會當剋果❺，何願不得？』於是世自在王佛即為廣說二百一十億諸佛剎土❻，天人之善惡❼，國土之粗妙❽，應其心願悉現與之。時彼比丘聞佛所說嚴淨❾國土，皆悉睹見超發無上殊勝之願。其心寂靜，志無所著，一切世間，無能及者。具足五劫❿，思惟攝取莊嚴佛國清淨之行。」

阿難白佛：「彼佛國土，壽量⓫幾何？」

佛言：「其佛壽命四十二劫。

【章　旨】在法藏比丘的請求下，世自在王佛講說並展現了二百一十億諸佛世界的各種情況。而法藏比丘則用五劫的時間去獲取其中清淨莊嚴之行。

【注　釋】❶莊嚴　佛教中常用來形容道場、佛菩薩像、佛法、國土等用語，作動詞時有裝飾的意思，作名詞或形容詞時，意為莊重、威嚴。❷妙土　佛的報土美妙無比。❸勤苦　指處在三界中，為愛欲所迫，十分辛勤勞作而仍有痛苦。❹境界　在佛教中，有多種含義，多指勢力範圍或果報所得的世界。此處具體指理解力。❺剋果　即獲得果報。剋，得；成就。❻剎土　即國土。❼善惡　佛教中用來對人的行為、意念、語言進行評價的用語。一般而言合於佛教行為規範、倫理道德的為善，反之為惡。但如果具體說，有多種不同的解釋，比如有世俗意義上的善惡，如行善積德；也有修行意義上的善惡，如修行信仰佛法為善，否則為惡；此外尚有從境界上區分的善惡，如佛的行為已完全脫離了因果報應，為絕對的善，而相對於此絕對的善，人的修行仍不能超越因果報應，所以是惡。❽國土之粗妙　根據天台宗的解釋，國土世界可分為四種：㈠凡聖同居土。凡夫與聖者同居的國土。此國土又可分為淨和穢二種，比如我們人類所居住的世界就是凡聖同居之穢土。而兜率天之內宮、西方之極樂則是凡聖同居之淨土。㈡方便有餘土。指羅漢死後所生之國土，在三界之外。修習小乘者斷除三界之煩惱，因而生在此土。然而尚不是根本的解脫，故云方便有餘土。㈢實報無障礙土。此為斷一分無明之菩薩所生之處。㈣常寂光土。為完全斷除根本無明的佛之住處，是常住、寂滅、光明之佛土。此四種國土層次不同，境界不同，因此可說為粗妙之區別。❾嚴淨莊嚴清淨。❿五劫　特指法藏菩薩在發四十八願建立淨土世界之前的一段長時間的思索。⓫壽量　壽命的多少。佛教認為三界眾生的壽命各有不同。比如，就我們所居住世界中人的壽命而言，在世界之初和世界末日是不同的，起初人的壽命是無量的，而到世界即將消亡時人的壽命是十歲。就佛之壽命而言，依法、報、應三身乃至法、報、應、化四身而不同。此中，法身乃佛法的一種人格化表現，不能談論其壽命的長短。報身係指得果的萬德圓備佛身，有始無終，也不能用壽命多少來指稱。應身指釋迦牟尼佛，是為教化眾生而顯現的應身，是有始有終的，壽量有八十年、百年不同的說法。化身指隨眾生而出現之身，本是有始有終，然依其所現之身不同，壽量並不一定。如就應身而言，釋尊八十歲時入滅，而此經中的世自在王佛的壽量則為四十二劫。

【語　譯】佛對阿難說：「法藏比丘讚頌之後，對佛說道：『是的，世尊！我決心發起堅定的菩提覺悟之心，希望佛能為我多多宣講佛法。我一定遵照修行，攝取佛國世界無量的清淨莊嚴的功德，令我在此世迅速成佛，解救眾生於苦海之中。』」

佛告訴阿難：「這時世自在王對法藏比丘說：『按照你的修行，你應當知道清淨莊嚴的美妙佛土的境況。』法藏比丘對佛說：『這個道理和境界太過廣大和深刻，不是我的境界能達到的。希望世尊能夠細細為我講說淨土的美妙圖景。我聽聞後，當依照修行，成就滿足眾生所有的願望。』世自在王此時看出法藏比丘聰明異常、志願廣大，就對法藏比丘講了一段經：『譬如面對浩瀚的大海，如果一個人以斗做工具，堅持不懈地去舀出海水，經歷一段時間後，總有見到海底，獲得海中寶藏的時候。而人如果誠心不懈，不斷求正道，也總有一天會獲得果報，還有什麼願望不能滿足？』於是，世自在王佛仔細地為法藏比丘講說了二百一十億個諸佛國土，天人的善惡諸狀況，國土世界的層次差別，並且隨佛的心念，一一呈現於法藏面前。此時，法藏比丘聽佛講說各種淨土的美妙莊嚴，並親眼看見，於是生起和發出了極大的願望。他心體寂靜，無所束縛，一切世間的人天等諸存在，都無法企及。經歷了五劫的時間，仔細考慮和吸收了各種淨土的精華，構想一個新的救度眾生的淨土世界。」

阿難問道：「世自在王國土的壽命是多少？」

佛回答：「他的國土的壽命是四十二劫。」

「時法藏比丘，攝取二百一十億諸佛妙土清淨之行。如是修已，詣彼佛所，稽首禮足，繞佛❶三匝，合掌而住。白言世尊：『我已攝取莊嚴佛土清淨之行。』佛告比丘：『汝今可說，宜知是時，發起悅可一切大眾❷。菩薩聞已，修行此法，緣致滿足無量大願。』比丘白佛：『唯垂聽察，如我所願❸，當具說之：

設我得佛，國有地獄、餓鬼、畜生者，不取正覺❹。

設我得佛，國中人天，壽終之後，復更三惡道者，不取正覺❺。

設我得佛，國中人天，不悉真金色者，不取正覺❻。

設我得佛，國中人天，形色不同有好醜者，不取正覺❼。

設我得佛，國中人天，不悉識宿命，下至知百千億那由他諸劫事者，不取正覺❽。

設我得佛，國中人天，不得天眼，下至見百千億那由他諸佛國者，不取正覺❾。

設我得佛，國中人天，不得天耳，下至聞百千億那由他諸佛所說，不悉受持者，不取正覺❿。

設我得佛，國中人天，不得見他心智，下至知百千億那由他諸佛國中眾生心念者，不取正覺⓫。

設我得佛，國中人天，不得神足，於一念頃下至不能超過百千億那由他諸佛國者，不取正覺⑫。

設我得佛，國中人天，若起想念貪計身者，不取正覺⑬。

設我得佛，國中人天，不住定聚，必至滅度者，不取正覺⑭。

設我得佛，光明有能限量，下至不照百千億那由他諸佛國者，不取正覺⑮。

設我得佛，壽命有能限量，下至百千億那由他劫者，不取正覺⑯。

設我得佛，國中聲聞有能計量，乃至三千大千世界眾生緣覺，於百千劫悉共計挍知其數者，不取正覺⑰。

設我得佛，國中人天，壽命無能限量，除其本願修短自在。若不爾者，不取正覺⑱。

設我得佛，國中人天，乃至聞有不善名者，不取正覺⑲。

設我得佛，十方世界無量諸佛，不悉諮嗟，稱我名者，不取正覺⑳。

設我得佛，十方眾生至心信樂，欲生我國，乃至十念，若不生者，不取正覺。唯除五逆，誹謗正法㉑。

設我得佛，十方眾生發菩提心修諸功德，至心發願欲生我國。臨壽終時，假令不與大眾圍繞現其人前者，不取正覺㉒。

【章　旨】此後的幾個段落是《無量壽經》中相當重要的部分，側重於說明法藏比丘發起的四十八種極大的誓願，核心在於建立一個極樂的淨土世界，使所有稱念無量壽佛的眾生都能往生到這個世界中。這一小節是其中的前十九願。

【注　釋】❶繞佛　佛教中表示恭敬的禮節，通常為向右旋繞一圈或三圈。❷大眾　佛教中指除佛以外所有信徒。梵語為摩訶僧伽，意譯為大眾。❸如我所願　即下文所說的四十八願。❹國有地獄二句　又稱無三惡趣之願，即在極樂世界中，沒有地獄、畜生、餓鬼三惡道的願望。地獄，佛教所說痛苦的空間，六道中最苦的地方，因其位置在地下，故名地獄。分為三類：一名根本地獄，有八熱及八寒地獄。二名近邊地獄，即在八熱地獄門旁的十六遊增地獄。三名孤獨地獄，在山間、曠野、樹下、水邊，場所無定。餓鬼，六道之一，即時常遭受飢餓的鬼類。畜生，六道之一，指除了人類之外的一切動物。❺壽終之後三句　又稱不更惡趣之願，即身為天、人的眾生，在死後不再墮於三惡道中的願望。❻不悉真金色者二句　又稱悉皆金色之願，即往生極樂世界後，天、人的身體皆為純金之色的願望。❼形色不同有好醜者二句　又稱無有好醜之願。即往生極樂世界後，眾生的形貌都完美無缺，不再有美醜的區別。❽不悉識宿命三句　又稱宿命通之願，即往生極樂世界後，天、人皆獲得宿命通能力的願望。宿命通，六種神通之一。獲得這種神通，就能夠知道自己和他人的過去世。❾不得天眼三句　又稱天眼通之願。天眼通，六種神通之二。獲得這種神通便既能觀察近處的事物，也能觀察極遙遠，乃至來世的事物。人通過修禪定而獲得的稱為修得天眼，而色界諸天本來就有的稱為生得或報得天眼。❿不得天耳四句　又稱天耳通之願。天耳通，六種神通之三。獲得這種神通便能聽見遠近一切聲音。⓫不得見他心智三句　又稱他心通之願。他心通，六種神通之四，獲得這種神通便能洞察他人的心理和思想。⓬不得神足三句　又稱神足通之願。神足通，六種神通之五，即自由飛行的能力。⓭若起想念貪計身者二句　又稱漏盡通之願。漏盡通，是六神通的最後一種，就是消除所有煩惱的一種能力。漏，就是煩惱。想念，對諸法起執著的念頭，念念不斷，是佛教所謂的法執。貪計，對自身起執著，即佛教所謂我執。法我二執，是煩惱產生的重要原因。⓮不住定聚三句　又稱必至無度之願。此願則是希望所有天、人，都能覺悟成佛。定聚，指必定成佛的眾生。另外兩聚分別為邪定聚、不定聚。邪定聚，指必定不能成佛的一類眾生；不定聚則具有成佛和不成佛兩種可能性。⓯光明有能限量三句　又稱光明無量之願，指整個的宇宙空間、無量的時間都充滿光明的願望。⓰壽命有能限量三句　又稱壽命無量之願，指希望所有眾生都能具有無量壽命的願望。⓱國中聲聞有能計量四句　又稱聲聞無數之願，指希望三千大千世界的無數眾生都能獨自領悟因緣的道理，獲得覺悟。三千大千世界，指以須彌山為中心，以鐵圍山為外圍，為一小世界。一千個小世界為小千世界，一千個小千世界為中千世界，一千個中千世界為大千世界。而所謂三千大千世界指此世界由小中大三種千世界組成，而非有三個大千世界。佛教通常把一個大千世界作為一佛教化的空間，稱為佛國。⓲壽命無能限量四句　又稱眷屬長壽之願，指希望天、人等眾生壽命無有限量的願望。本願，根本之願。修短自在，合起來意思為壽命長短自在。修，即長。⓳乃至聞有不善名者二句　又稱無諸不善之願，指希望往生極樂世界者沒有任何不好名稱、不好聲譽的願望。⓴十方世界無量諸佛四句　又稱諸佛稱讚之願，指得到諸佛稱讚頌揚的願望。諮，稱讚。嗟，讚歎。㉑十方眾生至心信樂七句　又稱念佛往生之願，指希望那些發心往生、並稱念佛名者一定往生極樂世界的願望。至心，至誠之心，即真實心。信樂，信順所聞之法而愛樂之，即信心歡喜。五逆，五種違反節律的重罪。指殺父、殺母、殺阿羅漢、由佛身出血、破和合僧等五種罪大惡極的行為。㉒十方眾生發菩提心修諸功德五句　又稱臨終現前之願，指念佛者臨終時，阿彌陀佛與諸菩薩顯現於其面前的願望。

【語　譯】「當時，法藏比丘攝取了無量諸佛國美妙清淨之土的善行，並依此修行後，來到佛的面前，向佛致敬後，繞佛轉了三圈，然後雙手合掌對佛說：『我已經攝取了佛土的清淨之行。』佛對法藏說：『你現在可以說說你的願望了。你應當知道此時發起大願，能夠鼓動一切大眾共同產生往生淨土的信心。諸菩薩聽到你的願望後，就能修行此法，由此就滿足你的宏大的願望。』法藏比丘報告佛說：『好的，我把我的願望詳細地說出來，希望佛能證明和考察：

假如我成佛，我發願我的國土沒有地獄、餓鬼、畜生三惡道，否則就不證入涅槃。

假如我成佛，我發願我的國土中的天人等眾生，壽命終了之後，不再生為三惡道，否則就不證入涅槃。

假如我成佛，我發願我的國土中的天人等眾生，身體全都為真金之色，否則就不證入涅槃。

假如我成佛，我發願我的國土中的天人等眾生，相貌都美好無比，如果有差異、美醜之別，就不證入涅槃。

假如我成佛，我發願我的國土中的天人等眾生，如果不能獲得宿命通，了解過去無量世界所發生的事情，就不證入涅槃。

假如我成佛，我發願我的國土中的天人等眾生，如果不能獲得天眼通，看到無量世界所發生的事情，就不證入涅槃。

假如我成佛，我發願我的國土中的天人等眾生，如果不能獲得天耳通，聽聞無量世界中諸佛所說法，就不證入涅槃。

假如我成佛，我發願我的國土中的天人等眾生，如果不能獲得他心通，知悉無量世界中眾生所思所想，就不證入涅槃。

假如我成佛，我發願我的國土中的天人等眾生，如果不能獲得神足通，於一念之間，飛行於無量世界中，就不證入涅槃。

假如我成佛，我發願我的國土中的天人等眾生，如果仍然有種種念想，執著於自身，就不證入涅槃。

假如我成佛，我發願我的國土中的天人等眾生，如果不能歸於必定成佛的那個類別，就不證入涅槃。

假如我成佛，我發願如果佛光不能照耀一切世界，就不證入涅槃。

假如我成佛，我發願如果眾生的壽命仍然有限，就不證入涅槃。

假如我成佛，我發願我的國土中的聲聞眾生，乃至三千大千世界的無數眾生都能獲得覺悟。如果這些眾生數量有限，就不證入涅槃。

假如我成佛，我發願我的國土中的天人等眾生，壽命皆無限。除了那些依照本願修行的菩薩，其壽命或長或短，隨其所願外。如果眾生壽命有限，就不證入涅槃。

假如我成佛，我發願我的國土中的天人眾生，沒有為人非議的不好聲譽，否則就不證入涅槃。

假如我成佛，我發願整個宇宙的無量諸佛，都讚歎、稱讚我的名號，否則就不證入涅槃。

假如我成佛，我發願眾生如果真誠發心，信仰佛法，嚮往極樂世界，並以十聲稱念阿彌陀佛名號，就一定能往生，否則就不證入涅槃。當然要排除那些犯了五逆重罪和誹謗佛法的人。

假如我成佛，我發願眾生如果產生了對佛道的信心，修行了各種善行，真心發誓願意往生我的國土。待其命終的時候，我一定會和諸大菩薩，起圍繞在他的面前，接引其往生西方極樂世界，否則就不證入涅槃。

『設我得佛，十方眾生，聞我名號，繫念我國，殖諸德本，至心回向，欲生我國。不果遂者，不取正覺❶。

設我得佛，國中人天，不悉成滿三十二大人相者，不取正覺❷。

設我得佛，他方佛土諸菩薩眾，來生我國，究竟必至一生補處。除其本願自在所化，為眾生故，被弘誓鎧，積累德本度脫一切。游諸佛國修菩薩行，供養十方諸佛如來，開化恆沙無量眾生，使立無上正真之道。超出常倫，諸地之行，現前修習普賢之德。若不爾者，不取正覺❸。

設我得佛，國中菩薩，承佛神力，供養諸佛。一食之頃，不能遍至無量無數億那由他諸佛國者，不取正覺❹。

設我得佛，國中菩薩，在諸佛前，現其德本，諸所求欲供養之具，若不如意者，不取正覺❺。

設我得佛，國中菩薩不能演說一切智者，不取正覺❻。

設我得佛，國中菩薩不得金剛那羅延身者，不取正覺❼。

設我得佛，國中人天，一切萬物嚴淨光麗，形色殊特，窮微極妙，無能稱量。其諸眾生，乃至逮得天眼，有能明了，辨其名數者，不取正覺❽。

設我得佛，國中菩薩，乃至少功德者，不能知見其道場樹，無量光色高四百萬里者，不取正覺❾。

設我得佛，國中菩薩，若受讀經法諷誦持說，而不得辯才智慧者，不取正覺⑩。

設我得佛，國中菩薩，智慧辯才若可限量者，不取正覺⑪。

設我得佛，國土清淨，皆悉照見十方一切無量無數不可思議諸佛世界，猶如明鏡睹其面像。若不爾者，不取正覺⑫。

設我得佛，自地以上至於虛空，宮殿樓觀，池流華樹，國土所有一切萬物，皆以無量雜寶百千種香而共合成，嚴飾奇妙，超諸人天，其香普薰十方世界，菩薩聞者皆修佛行。若不爾者，不取正覺⑬。

設我得佛，十方無量不可思議諸佛世界眾生之類，蒙我光明觸其體者，身心柔軟，超過人天。若不爾者，不取正覺⑭。

設我得佛，十方無量不可思議諸佛世界眾生之類，聞我名字，不得菩薩無生法忍、諸深總持者，不取正覺⑮。

設我得佛，十方無量不可思議諸佛世界，其有女人聞我名字，歡喜信樂，發菩提心，厭惡女身，壽終之後，復為女像者，不取正覺⑯。

【章旨】這一小節是四十八願的第二十願到三十五願。

【注釋】❶十方眾生八句　又稱繫念定生之願，指希望那些聞聽阿彌陀佛的名號，並發心修行的眾生皆能往生極樂世界的願望。繫念，思維集中於某個對象而不分散。德本，能造就美好結果的功德，即指各種善行。回向，把自己所修的善行和功德分享給其他的眾生，使他們共沾利益，同獲解脫。回，回轉。向，趣向。❷不悉成滿三十二大人相者二句　又稱具足諸相之願或具三十二相之願，指希望眾生都具有三十二種美好形象的願望。三十二大人相，指佛或世間的聖人所具有的三十二種不同常人的體貌特徵。根據《大智度論》，三十二相分別是：㈠足下安平立相，即足底平直柔軟。㈡足下二輪相，即足心現一千輻輪寶之肉紋相。㈢長指相，即兩手、兩足各個指頭都修長纖細。㈣足跟廣平相，即足跟豐滿平坦。㈤手足指縵網相，即手足一一指頭間，都有像大雁腳那樣連在一起的部分。㈥手足柔軟相，即手足極柔軟。㈦足趺高滿相，即足背隆起圓滿之相。㈧如鹿王相，即小腿肚如鹿王一樣纖細。㈨正立手摩膝相，即站立時，兩手垂下，長可過膝。㈩陰藏相，即男根隱藏而不顯現。(十一)身廣長等相，指佛身上下左右，完全相等。(十二)毛上向相，即佛一切髮毛，由頭至足皆右旋。(十三)一一孔一毛生相，即一孔各生一毛，其毛青琉璃色，一一毛孔都發出微妙的香氣。(十四)金色相，指佛身及手足都是真金的顏色。(十五)大光相，即佛的身體所發的光芒普照三千世界，四面各有一丈。(十六)細薄皮相，即皮膚細薄、潤澤，一切塵垢不染。(十七)七處隆滿相，指兩手、兩足下、兩肩、頸項等七處之肉皆隆滿、柔軟。(十八)兩腋下隆滿相，即佛兩腋下之骨肉十分結實。(十九)上身如獅子相，指佛之上半身廣大，行住坐臥威容端嚴，如同獅子王一樣。(二十)大直身相，謂於一切人中，佛身最高大而挺直。(二十一)肩圓好相，即兩肩圓滿豐腴，殊勝微妙之相。(二十二)四十齒相，指佛有四十齒。(二十三)齒齊相，即佛的牙齒不粗不細，十分整齊。(廿四)牙白相，即四十齒外，上下亦各有二齒，其色鮮白光潔，銳利如鋒，堅固如金剛。(廿五)獅子頰相，即兩頰豐滿如同獅子的面頰。(廿六)味中得上味相，指佛能品嚐到各種美味。(廿七)大舌相，即佛的舌頭柔軟而極長。(廿八)梵聲相，即佛所發出的聲音，飽滿洪亮圓滿。(廿九)真青眼相，即佛眼紺青，如青蓮花。(三十)牛眼睫相，指睫毛整齊而不雜亂。(卅一)頂髻相，即頭頂上有肉髻的形狀。(卅二)白毛相，即兩眉之間有白毛，能放出光芒，故又稱毫光、眉間光。❸他方佛土諸菩薩眾十六句　又稱必生補處之願。一生補處，指經過此世，來世一定成佛。菩薩修行有五十二種階位（十信‧十住、十行、十回向、十地、等覺、妙覺）。一生補處，即相當於等覺位，處在這一修行階段的菩薩，經過一生（即此生）後，必定能證入妙覺位，即成佛。弘誓鎧，比喻信仰和誓願如同鎧甲一樣堅固。普賢，釋迦牟尼的二侍者之一，騎白象位於右邊，象徵佛教的修行和誓願。普賢之德，就是指具有像普賢菩薩一樣的美德，即悲憫眾生、救度眾生。❹承佛神力五句　又稱供養諸佛之願。❺諸所求欲供養之具三句　又稱供具如意之願。供具，供養所用的器具、物品，如鮮花等。❻國中菩薩不能演說一切智者二句　又稱說一切智之願。❼國中菩薩不得金剛那羅延身者二句　又稱那羅延身之願。那羅延，印度神話中力大無比的神靈。此處指希望淨土世界都具有力大無比身體的願望。❽一切萬物嚴淨光麗九句　又稱所須嚴淨之願，即希望萬物具有無量美妙的形狀、顏色且清淨莊嚴的願望。嚴謂莊嚴，淨謂清淨，光謂光華，麗謂美麗。❾不能知見其道場樹三句　又稱見道場樹之願，使得諸菩薩能看見和了解道場樹具有無量的光明和形色的願望。道場樹，即菩提樹。❿若受讀經法諷誦持說三句　又稱得辯才智之願，即令淨土世界中的眾生獲得辯才與智慧的願望。受即領受，讀即誦讀。諷誦，大聲地誦讀經文或偈頌。⓫智慧辯才若可限量者二句　又稱智辯無窮之願，即希望往生淨土者能獲得沒有限量的智慧和辯才。⓬皆悉照見十方一切四句　又稱國土清淨之願，即希望淨土世界如同一面沒有沾染灰塵的明鏡，能夠照見諸佛世界。⓭自地以上至於虛空十一句　又稱寶香合成之願，使得國土以無數寶物和香氣和合而成的願望。地以上，指地面之上。虛空，有多種含義，在經論中常用作比喻，有無分別、無障礙、包容等含義。在《俱舍論》中又作為六界之一空界的別名，指空無一物處，如窗戶、鼻孔等中空處。在此處，空虛當和天相對，指如虛空一樣的天空。⓮蒙我光明觸其體者五句　又稱觸光柔軟之願，即凡接觸阿彌陀佛之光明者，便能獲得身心柔軟的願望。⓯聞我名字三句　又稱聞名得忍之願，即聞聽阿彌陀佛名號的人獲得無生法忍的願望。無生法忍，指對無生之道理，亦即對「一切法不生不滅」之理，能夠確切地掌握並安住於此理不動心。忍，是確認、確知之意。總持，梵語陀羅尼的意譯，原指一種記憶方法，用來記誦佛經。後來演變為咒語。佛經中常用來指簡短而意義深刻的經文和義理。⓰其有女人聞我名字七句　又稱女人成佛之願，即聞聽阿彌陀佛名字的女人能夠轉女身為男身最終成佛的願望。女人轉男身成就佛道這一說法源於古印度的女性地位低下，而且被認為罪業深重，不得成為梵天王、帝釋天、魔王、轉輪王與佛（即五障）。而且，淨土之中也無女人。這種觀念與大乘佛教說一切眾生皆可成佛的思想相矛盾，故本經及《法華經》中都出現了折衷的說法，即女人在轉變了性別，變成男人後可以成佛。

【語　譯】『假如我成佛，我發願一切眾生在聽到我的名字後，嚮往我的國度，專心思念，培植善行，建立功德，並把這種功德分享給所有受苦受難的眾生，那就一定能夠生於我的國土。否則我就不證入涅槃。

假如我成佛，我發願我的國土中的眾生如果不能都具有三十二種美好的大人之相，就不證入涅槃。

假如我成佛，一定能令在其他世界中修行菩薩行的眾生往生我的國土，經歷一生後成佛，從等覺位到妙覺位。除了那些發願不證成佛，以各種變化教化眾生的菩薩。他們立下了如同鎧甲一樣堅硬不變的誓願，積累功德，救助眾生。他們遊行於各個世界中，修菩薩行，供養諸世界的佛如來，開導教化如恆河沙一樣多的眾生，使他們走上真實的、正確的覺悟之路，超越陷於日常生活的錯誤行為，修習和普賢一樣的慈悲行願。否則就不證入涅槃。

假如我成佛，我發願使我的國土中的菩薩承受佛的不可思議力量幫助。在一頓飯的功夫，能夠供養無量無邊世界中的諸佛，否則就不證入涅槃。

假如我成佛，我發願我的國土中的菩薩在供養諸佛時，如果不能隨心所欲地使用供佛的物品、用具，就不證入涅槃。

假如我成佛，我發願我的國土中的菩薩如不能演說佛法中所有智慧、闡講佛法，就不證入涅槃。

假如我成佛，我發願我的國土中的菩薩如不能獲得像金剛那羅延那樣強壯的身體，就不證入涅槃。

假如我成佛，我發願我的國土中的眾生、所有萬物，都變得莊嚴、清淨、光明、美麗，形狀和容顏都不同於普通之人，無比美妙，無法言說。如果有人，包括獲得天眼通的眾生，能夠分辨這種美麗，說出它的數量，我就不證入涅槃。

假如我成佛，我發願我的國土中的諸菩薩乃至那些功德較少者，都能知見菩提樹的無量光明和達四百萬里的高度，否則就不證入涅槃。

假如我成佛，我發願我的國土中的諸菩薩如果接受佛經、背誦記憶，就一定能獲得辯才和智慧，否則就不證入涅槃。

假如我成佛，我發願使我的國土中諸菩薩的辯才和智慧無可限量，否則就不證入涅槃。

假如我成佛，我一定使我的國土清淨如同明鏡一樣，照見無量世界中不可思議的諸佛的世界，否則就不證入涅槃。

假如我成佛，我發願要使從地面以上，直至無盡的天空，中間一切宮殿樓閣、河流、泉水、樹木以及其他所有萬物，都有各種珍寶和妙香共同組成，裝飾精妙奇特，超過了天、人二道中所能見的最好的東西。它們發出的香味能達到所有世界，菩薩聞到這種香味，就會專心修行佛法。否則就不證入涅槃。

假如我成佛，我將使十方世界的無量眾生，感受到我所放的光明，並且身心柔軟，超越天人一切眾生。否則就不證入涅槃。

假如我成佛，我將使十方世界的無量眾生在聽到我的名字後，都獲得對諸法不生不滅的體認。否則就不證入涅槃。

假如我成佛，我將使十方世界中的女人在聽到我的名字後，歡喜無比，發起修行佛法的信心，厭惡身為女人，並且在壽命終了之後轉女身為男身而成佛。否則就不證入涅槃。

『設我得佛，十方無量不可思議諸佛世界諸菩薩眾，聞我名字，壽終之後，常修梵行，至成佛道。若不爾者，不取正覺[1]。

設我得佛，十方無量不可思議諸佛世界諸天人民，聞我名字，五體投地，稽首作禮，歡喜信樂，修菩薩行，諸天世人，莫不致敬。若不爾者，不取正覺❷。

設我得佛，國中人天，欲得衣服，隨念即至，如佛所贊，應法妙服，自然在身。若有裁縫染治浣濯者，不取正覺❸。

設我得佛，國中人天，所受快樂，不如漏盡比丘者，不取正覺❹。

設我得佛，國中菩薩，隨意欲見十方無量嚴淨佛土，應時如願，於寶樹中，皆悉照見，猶如明鏡睹其面像。若不爾者，不取正覺❺。

設我得佛，他方國土諸菩薩眾，聞我名字，至於得佛。諸根缺陋不具足者，不取正覺❻。

設我得佛，他方國土諸菩薩眾，聞我名字，皆悉逮得清淨解脫三昧。住是三昧，一發意頃，供養無量不可思議諸佛世尊，而不失定意。若不爾者，不取正覺❼。

設我得佛，他方國土諸菩薩眾，聞我名字，壽終之後，生尊貴家。

若不爾者，不取正覺。

設我得佛，他方國土諸菩薩眾，聞我名字，歡喜踊躍，修菩薩行，具足德本。若不爾者，不取正覺⑧。

設我得佛，他方國土諸菩薩眾，聞我名字，皆悉逮得普等三昧。住是三昧，至於成佛，常見無量不可思議一切如來。若不爾者，不取正覺⑨。

設我得佛，國中菩薩，隨其志願，所欲聞法自然得聞。若不爾者，不取正覺⑩。

設我得佛，他方國土諸菩薩眾，聞我名字，不即得至不退轉者，不取正覺⑪。

設我得佛，他方國土諸菩薩眾，聞我名字，不即得至第一、第二、第三法忍，於諸佛法不能即得不退轉者，不取正覺⑫。』

【章旨】這一小節是四十八願的第三十六願到四十八願。

【注　釋】❶常修梵行四句　又稱常修梵行之願，令所有眾生聞聽阿彌陀佛名號，修清淨之行，直至成佛道的願望。梵行，指斷除淫欲的修行方法，修此行可生於梵天，故稱梵行。廣義上，也可指一切遵守戒律的行為。梵，清淨。❷五體投地八句　又稱人天致敬之願，指聞聽阿彌陀佛的名號而獲得天人尊敬的願望。五體投地，印度最為恭敬的一種禮節。所謂五體，指兩手、兩膝、頭頂等，亦稱五輪。行禮時，先以右膝跪地，然後左膝，最後兩肘著地，兩手伸展向前，過於額前，其後頭頂著地。此語現已成為日常用語，表示對他人極其敬重和佩服之意。❸欲得衣服七句　又稱衣服隨念之願，即令眾生隨其所想，即有衣服在身的願望。應法妙服，指符合佛教規定的衣服，即袈裟。出家僧人所穿的衣服，佛教通常說有三衣：即正式場合穿的大衣、修行聽法時穿的上衣和就寢時所穿的內衣，合起來統稱為法服。❹所受快樂三句　又稱受樂無染之願，即令眾生享受快樂而不被汙染的願望。漏盡比丘，此處指阿羅漢。漏，煩惱。漏盡，即煩惱斷盡。❺隨意欲見十方無量嚴淨佛土七句　又稱見諸佛土之願，即令眾生看到無數美妙淨土的願望。寶樹，珍寶一樣的樹木，特指淨土世界中的草木。❻諸根缺陋不具足者二句　又稱具足諸根之願，即令所有眾生，六根健全，沒有殘缺的願望。根，通常指眼、耳、鼻、舌、身、意六根。❼皆悉逮得清淨解脫三昧七句　又稱住定供佛之願，指令他方世界的菩薩，於清淨解脫的定的狀態中，能夠供養無量不可思議的諸佛。三昧，梵文的音譯，又作三摩地、三摩提、三摩帝，意譯為等持、正定等。即將心集中於一處（或一境）的一種安定狀態。此一將心集中於專一對象的精神作用，可分兩種：一是與生俱來的精神集中能力（生得定），一是因後天的努力而使集中力增加（後得定）。此處所說的清淨解脫三昧，指脫離了一切束縛的三昧。特指通過念佛所得的三昧。❽具足德本三句　又稱具足德本之願。指令他方世界的菩薩，聽到我的名字後，修行菩薩行，獲得所有根本善行的願望。❾皆悉逮得普等三昧八句　又稱住定見佛之願。普等三昧，指同時普見一切諸佛之三昧。普，普遍之意。等，齊等之意。❿所欲聞法自然得聞三句　又稱隨意聞法之願。指令菩薩隨其所願、得聞佛法的願望。⓫不即得至不退轉者二句　又稱不退轉之願。不退轉，所獲得的功德不會失去的一種修行層次。⑫不即得至第一三句　又稱得三法忍之願。第一法忍，即音響忍，聽到佛的說法而獲得覺悟。第二法忍，即柔順忍，自己隨順真理，憑藉自己的智慧而獲得覺悟。第三法忍，即無生法忍，確認諸法不生不滅的道理。忍，體悟真理並安心此種真理之中。

【語　譯】『假如我成佛，我發願十方世界無量的眾生，只要聽到我的名字，就能在此世命終之後，仍然在來世繼續修行，直至成佛。否則就不證入涅槃。

假如我成佛，我發願十方世界無量的眾生，只要聽到我的名字，並五體投地，恭敬禮拜，歡喜相信，修菩薩之行，就一定能獲得諸天和眾人的尊敬。否則就不證入涅槃。

假如我成佛，我發願我的國土的眾生，只要想獲得衣服，隨其念頭，衣服即現在眼前，如同佛稱呼欲出家者為「善來比丘」時，剛出家者就能身披袈裟一樣。假如尚有通過裁縫縫製、工匠洗染後獲得衣服的，就不證入涅槃。

假如我成佛，我發願我的國土的眾生所獲得的快樂一定是清淨無染的，超過一般的煩惱斷盡的修行者。否則就不證入涅槃。

假如我成佛，我發願我的國土的眾生，只要想見到無量的清淨莊嚴的淨土世界，就能隨時在菩提樹中全部看到，如同在一面明鏡中看到自己的影像。否則就不證入涅槃。

假如我成佛，我發願在其他世界的眾生，只要聽到我的名字，至成佛時一定眼、耳、鼻、舌、身、意六根具足，沒有缺陷。否則就不證入涅槃。

假如我成佛，我發願在他方世界的眾生，只要聽到我的名字，就能獲得一種不受束縛的禪定狀態。在此狀態中，只要一念，就能供養無量世界的諸佛，而又不失去它的定心。否則就不證入涅槃。

假如我成佛，我發願在他方世界的眾生，只要聽到我的名字，在壽命終了之後，一定能生於富貴之家。否則就不證入涅槃。

假如我成佛，我發願在他方世界的眾生，只要聽到我的名字，歡喜踴躍地修行菩薩行，一定能建立成佛的根基。否則就不證入涅槃。

假如我成佛，我發願在他方世界的眾生，只要聽到了我的名字，都能獲得普見一切佛的正定。在此正定中，直到成佛為止，常常見到無量世界的諸佛。否則就不證入涅槃。

假如我成佛，我發願我的國土中的眾生，隨著他們的志向和願望，就能自然聽到佛法。否則就不證入涅槃。

假如我成佛，我發願在他方世界中的眾生，只要聽到我的名字，如果不能獲得不退轉的功德的話，就不證入涅槃。

假如我成佛，我發願在他方世界中，只要聽到了我的名字，如果不能立刻獲得音響忍、柔順忍、無生法忍等三法忍，在佛法中，不能獲得不倒退的果位，就不證入涅槃。』

佛告阿難：「爾時法藏比丘說此願已，而說頌曰：

『我建超世願❶，　必至無上道❷，

斯願不滿足，誓不成等覺❸。
我於無量劫，不為大施主，
普濟諸貧苦，誓不成等覺。
我至成佛道，名聲超十方，
究竟靡不聞，誓不成等覺。
離欲深正念，淨慧修梵行，
志求無上道，為諸天人師。
神力演大光，普照無際土，
消除三垢冥❹，明濟眾厄難。
開彼智慧眼，滅此昏盲暗，
閉塞諸惡道，通達善趣門。
功祚❺成滿足，威曜朗十方，
日月戢❻重暉，天光隱不現。

為眾開法藏，廣施功德寶，
常於大眾中，說法師子吼❼。
供養一切佛，具足眾德本，
願慧悉成滿，得為三界雄❽。
如佛無量智，通達靡不遍，
願我功德力，等此最勝尊。
斯願若剋果，大千應感動，
虛空諸天人，當雨珍妙華。」

【章旨】從因果關係上說，上一部分的發大誓願是因，此一段必然成就無上正道是果。其中前三句話，分別以「誓不成等覺」結尾，可以看成是對四十八願的概括：即建立淨土世界、救度所有眾生、一切眾生都能聞聽無量壽佛的名號。後面的頌言是對法藏比丘證成佛果，成為阿彌陀佛後功德的描述。

【注釋】❶超世願　超出世間意義的願望。❷無上道　沒有比此更為完美的道理和結果。指佛所證悟的道理或境界。❸等覺 有兩種含義：一指佛。為佛的名號之一，意為諸佛所覺悟的道理完全相等。二指菩薩修行的五十二階位中第五十一，即成佛前的最後一個階段。❹三垢冥 三垢，即三毒。貪欲、嗔恚、愚痴。冥，暗，指無知。❺功祚 功德福運。這裡指成佛應具備的條件。❻戢 收斂；掩藏。❼師子吼 又作獅子吼。佛在眾人中講說佛法，無所畏懼，如同獅子怒吼，故稱師子吼。❽三界雄 指佛是欲界、色界、無色界三界中的大雄。

【語 譯】佛對阿難說：「當時法藏比丘說了四十八願後，又說了下面的頌語：

『我建立超出人們所能想像的四十八願，必定能證悟無上的正道，
此願望不滿足，我發誓不證成佛。
在無量的時間中，如果不做大施主，
救濟貧窮和受苦者，我發誓不證成佛。
我覺悟佛法，聲名傳四方，
如有聽不到我的名號者，我發誓不證成佛。
我遠離欲望保持正念，智慧、修行皆清淨，
立志做無上的世尊，為天人等眾生作師範。
我發神通力，放大光明，照耀無邊的國土，
消除貪欲、嗔恚、愚痴三毒之害，以光明救度眾生出苦難。
打開眾生的智慧之眼，滅除無知無明，
堵塞輪迴於三惡道的路徑，敞開通往善的通途。

功德成就滿足時，威嚴和光明朗照四方，
日月都會掩藏，天光都覺暗淡。
為眾生開法藏之門，廣施功德於眾生，
常在大眾中，說法似獅子之吼。
供養一切佛，具足各種功德之本，
希望智慧成就滿足，成為欲界、色界、無色界三界之英雄。
如同佛一樣獲得無量的智慧，通達一切而無所不知，
希望我的功德的力量，如同佛一樣廣大。
我的願望若能滿足，大千世界都應感動，
乃至虛空中的天神，也會降下吉祥雨和珍妙花。』」

佛語阿難：「法藏比丘說此頌已，應時普地，六種震動❶。天雨妙華，以散其上。自然音樂，空中讚言：決定必成無上正覺。於是法藏比丘具足修滿如是大願，誠諦不虛❷。超出世間，深樂寂滅。

【章　旨】這一小節主要是用各種徵象來表明法藏比丘必然成就正覺，滿足願望。

【注釋】❶六種震動　六種大地震動的表現，即動、湧、震、擊、吼、爆。這六種震動是吉祥的象徵，通常在佛誕生時等重要的時刻出現。❷誠諦不虛　指法藏比丘所發之願，願心真實、無有虛假。誠，誠實。諦，真實。

【語譯】佛對阿難說：法藏比丘說了上述的頌言後，當時普天之下，產生了六種震動。天上降下瑞雨和各種香花，散落在大地上。世間充滿了美妙的音樂，空中也傳來了如下的聲音：必定證成無上的覺悟。於是，法藏比丘完全圓滿地實踐了上述宏大的願望，願心真實，無有虛假。世間的一切無有能及者，心體寂靜，無所束縛。

「阿難，法藏比丘於彼佛所，諸天❶、魔梵❷、龍神❸、八部大眾❹之中，發斯弘誓。建此願已，一向專志莊嚴妙土。所修佛國，開廓廣大，超勝獨妙。建立常然，無衰無變，於不可思議兆載永劫❺，積殖菩薩無量德行。不生欲覺、瞋覺、害覺❻。不起欲想、瞋想、害想❼。不著色、聲、香、味、觸❽之法。忍力❾成就，不計眾苦。少欲知足，無染恚癡❿。三昧常寂，智慧無礙。無有虛偽諂曲之心。和顏軟語⓫，先意承問⓬。勇猛精進，志願無倦。專求清白之法⓭，以慧利群生。恭敬三寶⓮，奉事師長，以大莊嚴具足眾行，令諸眾生，功德成就。住空、無相、無願之法，無作、無起，觀法如化⑮。遠離麤言，自害害彼，彼此俱害；修習善語，自利利人，彼我兼利。棄國捐王，絕去財色，自行六波羅蜜⑯，教人令行。無央數劫，積功累德，隨其生處，在意所欲。無量寶藏，自然發應。教化安立無數眾生，住於無上正真之道。或為長者⑰居士⑱，豪姓尊貴；或為剎利國君⑲，轉輪聖帝⑳；或為六欲天主㉑，乃至梵王㉒。常以四事㉓供養恭敬一切諸佛，如是功德不可稱說。口氣香潔，如優鉢羅華㉔。身諸毛孔，出栴檀香㉕，其香普熏無量世界。容色端正，相好殊妙。其手常出無盡之寶，衣服飲食珍妙華香，繒蓋幢幡㉖，莊嚴之具，如是等事超諸人天，於一切法而得自在。」

【章旨】上面的段落中，重點在於說明法藏比丘所發的宏偉誓願，而這一節中則側重表明法藏比丘修行和積累功德的過程。

【注釋】❶諸天　欲界有六天，謂之六欲天。色界有十八天。無色界有四天。除上述三界天外，其他有日天、月天、韋馱天等諸種天神。合起來統稱為諸天。❷魔梵　指六欲天的第六他化自在天魔與色界之梵天王，合稱魔梵。❸龍神　佛教中所說的一種神異動物，一般住在水中，能呼風喚雨。佛經常把龍作為守護佛法的一類神眾。比如經中記載說在佛誕生時，就有難陀及優波難陀二龍王在虛空中吐清淨水，一溫一涼，灌洗佛的身體。後世佛誕節中浴佛的習俗即來源於此。❹八部大眾　又稱八部眾、天龍八部。分別是：天，即三界諸天。龍，水中神異的動物。夜叉，飛行於空中的鬼神。阿修羅，又稱非天，即類似於天但不是天，形貌醜陋的一類眾生。迦樓羅，又稱金翅鳥，此鳥兩翅相去有三百三十六萬里，以龍為食。乾闥婆，譯作香陰，他依靠聞香氣而生長，故名香陰。緊那羅，譯作非人，似人而頭上有角。為帝釋天之樂神，故云歌神。帝釋天有兩種樂神：乾闥婆演奏世俗音樂，緊那羅則演奏法樂。摩侯羅迦，即大蟒蛇。此八種是守護佛法的諸神。八部眾中，以天、龍二眾為上首，故統稱天龍八部。❺兆載永劫　指無限久遠之時間。兆、載，指比億還要大的數量單位。中國傳統的數量單位有一、十、百、千、萬、億、兆、京、垓、秭、壤、溝、澗、正、載等，兆和載分別列第七及第十五。劫，為古代印度表示極長時間的單位。❻欲覺瞋覺害覺　統稱三惡覺。指人未和外界接觸的情況下而產生的錯誤思想觀念。欲覺，欲即貪欲，指眾生迷於世間，貪求種種利益而產生種種錯誤的思想，故名欲覺。瞋覺，謂一切凡夫之人因種種忿怒而生起種種錯誤的思想，故名瞋覺。害覺，指眾生常產生毒害他人的想法，故名害覺。❼欲想瞋想害想　統稱三惡想。指因境界而生起的錯誤觀念。❽色聲香味觸　指為眼、耳、鼻、舌、身五種感覺器官所感知的對象，又稱五塵。色，有兩義：五蘊中色，泛指一切物質。五塵中色則特指眼睛所觀察的色，佛教中分為形色、顯色。形色，指物體形狀上的區別，如大、小等。顯色，指顏色的差別，如赤橙黃綠青藍紫。聲，指各種聲音。香，鼻子所聞的氣味。有好香、惡香、等香、不等香四種。味，舌頭所嚐的味道，有甜、酸、鹹、辣、苦、淡等六種。觸，身體所接觸的對象，有地、水、火、風四大種，及滑性、澀性、重性、輕性等。❾忍力　即忍辱力，忍辱負重的能力。比如能忍受飢渴寒熱、憂悲疼痛、身心楚切、不為苦惱；能忍受惡言罵詈、毀辱誹謗，不生嗔恚，諸如此類，稱為忍力。⑩染恚癡　又稱淫怒痴、貪瞋痴。染者貪欲，恚者嗔恚，痴者愚痴，即三毒。⑪軟語　輕聲而又體貼的話語。⑫先意承問　原出於《禮記》「先意承志」。先意，孔穎達解釋為「謂父母將欲發意，孝子預前達知父母之意而為之，是先意也。」承志，孔穎達解釋為「謂父母已有志，己當奉承而行之。」此處指法藏菩薩能預知眾生之意而排解他們的疑惑。⑬清白之法　清淨潔白的佛法，指大乘佛法。⑭三寶　指佛、法、僧三寶。佛教認為佛指佛陀，特指釋迦牟尼佛，泛指一切諸佛。法指佛教的教法與義理。僧指出家修行的團體。佛有覺知的含義，法有法軌的含義，僧有和合的含義。三者合在一起，構成了佛教的教主、教義、僧團等三個核心。佛教認為這三者威德至高無上，如世間之寶，故稱三寶。⑮觀法如化　即觀察到一切法皆由因緣所成，沒有自性，如同夢幻中所變現的事物一樣。⑯六波羅蜜　波羅蜜，是「度」的意思，合起來即六種度到彼岸，獲得解脫的方法，所以又稱六度。六波羅蜜分別如下：布施波羅蜜，又稱檀那波羅蜜或布施，有財施、無畏施、法施三種。持戒波羅蜜，又稱尸羅波羅蜜或戒波羅蜜，指持守戒律。忍（辱）波羅蜜，又稱羼提波羅蜜，指忍辱負重，能對治嗔恚，使心安住。精進波羅蜜，有身精進、心精進二種。前者指於身勤修善法、行道、禮誦、講說、勸助、開化，或指勤修布施、持戒的善法；後者指於心勤行善道，心心相續，或指勤修忍辱、禪定、智慧。精進能對治懈怠，生長善法。禪定波羅蜜，又稱禪那波羅蜜或靜慮波羅蜜，指修習禪法，攝心入定。智慧波羅蜜，又稱般若波羅蜜，能對治愚痴，了知諸法實相。⑰長者　指財力雄厚的商人或年紀大而德行高尚者。在佛教發展的早期階段，富商通過捐獻金錢或土地，支持佛教的發展，因此在佛經有很多這樣的人，比如給孤獨長者為佛陀捐獻的說法場所給孤獨園；迦蘭陀長者所奉獻之竹林，由頻婆娑羅王建造伽藍而成的竹林精舍。這兩個重要的說法場所並稱為佛教最早之二大精舍。後世則多用長者稱德行高尚的人。⑱居士　指居財之士或居家之士。前者指富有者，後者指佛教的在家信徒。現多指後者。⑲剎利國君　即剎帝利，印度古代的四大種姓之一，指國王等掌握世俗政治權力的階層。⑳轉輪聖帝　即轉輪聖王，或輪王，一般認為輪王在人壽八萬四千歲時出現，統轄四天下。有四種福報：㈠大富，珍寶、財物、田宅等眾多，為天下第一。㈡形貌莊嚴端正，具三十二相。㈢身體健康無病，安穩快樂。㈣壽命長遠，為天下第一。轉輪王出現時，天下太平，人民安樂，沒有天災人禍。輪王通常說有四種，依所具輪寶之不同，而有優劣之分。由劣而勝，依次分為：㈠鐵輪王，掌管須彌山東西南北四洲中的南洲。㈡銅輪王，掌東、南二洲。㈢銀輪王，掌東、南、西三洲。㈣金輪王，掌須彌四洲。㉑六欲天主　指欲界的六重天：㈠四天王天，有持國、廣目、增長、多聞之四王，故名四天王。㈡忉利天，又稱三十三天。以帝釋天為中央，四周各有八天，共三十三天。㈢夜摩天。㈣兜率天。㈤樂變化天。㈥他化自在天。其中四王天在須彌山的半山腰，忉利天在須彌山之頂上，因此這兩種天稱地居天。兜率天以上住在空中，故稱空居天。㉒梵王　特指色界初禪天的大梵天王。而此處當泛指色界諸天。㉓四事　指衣服、飲食、臥具、湯藥。㉔優鉢羅華　即青蓮花。㉕栴檀香　即用旃檀樹製作的香料。旃檀樹，屬檀香科，為常綠之喬木，樹有香氣，可作檀香。㉖繒蓋幢幡　繒，絲織品。蓋，傘形的頂蓋。幢、幡，皆指旗幟。

【語譯】「阿難！法藏比丘在世自在王佛、諸天、魔王與梵天王、天龍、八部大眾等面前，立下了這個宏大的誓願。在確立了這個誓願後，一直專心於莊嚴美妙的淨土。其發願所得的淨土世界，廣闊宏大，奇特美妙，超越其他一切世界。不退化不消亡，永存於不可思議的恆久世間，積累培植了無量的菩薩功德。不再生起貪欲、嗔恚、毒害等三惡覺，也沒有了與此相應的因境界而產生的三惡想。不再執著於色、聲、香、味、觸等五種染法。獲得了超強忍辱的能力，不再計較苦難的多少。欲望少而易知足，不再受貪欲、嗔恚和無知的影響。禪定處於極深妙寂靜的境界，智慧能觀照一切，沒有障礙。沒有任何虛偽的心理和獻媚與曲意逢迎他人的不真實心理。和顏悅色、輕聲細語，預先獲知眾生之疑惑，並為之一一解答。勇猛而不懈怠，專心而不疲倦。一心追求清淨的淨土法門，使之有益於眾生。致敬佛法僧三寶，侍奉師長，以圓滿具足的菩薩莊嚴之行，令所有眾生功德成就。進入空、無相、無願三禪定中，沒有任何心念活動，觀察一切法皆如夢幻泡影。遠離粗鄙的言語，因為粗鄙的言語只能傷害自己、傷害他人，彼此互相傷害；學習說美善的語言，因為美善的言語有益於自己、他人，彼此互利。法藏比丘拋棄了國家，捨棄了王位，斷絕了世俗的欲望，自己修行六度之法，同時又教導眾生共同修行。經歷了無量的時間，積累了無量的功德，隨其出生處，隨其所想處，自然有無數的奇珍異寶顯現。教化、引導無數的眾生走入正道，安住於無上的覺悟境界。法藏比丘或者為長者、居士、富豪、尊貴，或者為剎帝利之國君、轉輪王，或者為六欲天之王，乃至於梵王。常以衣服、飲食、臥具、湯藥四事供養一切諸佛，像這樣的功德，不可稱計。其口氣潔淨流香，如同青蓮花。身體上的各個毛孔，發出檀香的香氣，能夠熏習無量世界。其容貌端正，身體美妙，手掌中常現出各種珍寶、衣服飲食、珍妙的香花、錦旗華蓋等各種莊嚴的物品和器具，如此種種，都超出了世間有情之能思能想，能夠在一切法中，自由自在，不受束縛。」

阿難白佛：「法藏菩薩為已成佛而取滅度？為未成佛？為今現在？」

佛告阿難：「法藏菩薩，今已成佛，現在西方，去此十萬億剎，其佛世界名曰安樂❶。」

阿難又問：「其佛成道已來為經幾時？」

佛言：「成佛已來，凡歷十劫❷。其佛國土，自然七寶❸，金、銀、琉璃、珊瑚、琥珀、車磲、瑪瑙合成為地。恢廓曠蕩❹，不可限極。悉相雜廁，轉相入間。光赫焜耀❺，微妙奇麗。清淨莊嚴，超逾十方一切世界。眾寶中精，其寶猶如第六天寶❻。又其國土無須彌山及金剛圍❼一切諸山，亦無大海、小海、溪渠、井谷。佛神力故欲見則見。亦無地獄、餓鬼、畜生諸難之趣。亦無四時春秋冬夏。不寒不熱，常和調適。」

【章旨】從此一節開始，描述法藏比丘在願（發大誓願）行（積累功德）具足之後，成就了佛果，建立了殊勝美妙的西方極樂世界。此處對極樂世界的方位以及自然環境的優美進行了概括。

【注釋】❶安樂　指處在該世界中能夠身心安樂，即通常所說極樂世界的別名。❷十劫　指一段極長的時間。阿彌陀佛在過去世為法藏比丘，在修行時，立四十八願以期成佛。自成佛以來，歷經十劫的時間。❸七寶　七種珍寶，即下文所說的金、銀、琉璃、珊瑚、琥珀、車磲、瑪瑙。❹恢廓曠蕩　恢，廣大。廓，空闊。曠，空曠。蕩，廣闊。❺光赫焜耀　此處形容淨土世界光明無限。赫，明亮。焜，照耀。❻第六天寶　指欲界中最好的寶物。欲界第六天乃欲界諸天中最高之天，故其中的寶物當是欲界最珍貴的物品。在諸經中，此語常用來和佛土的寶物作對比，凸顯它們的珍貴。❼金剛圍　按照佛教的世界觀，須彌山是世界的中心，四大洲分列於東西南北四個方位。在世界的最外圍，是由鐵組成的山，故又稱鐵圍山。

【語　譯】阿難對佛說：「法藏菩薩究竟是已經成佛而證入涅槃？或者是尚未成佛？或成佛後現在在何處？」

佛說：「法藏菩薩已經成佛，現處在距離此世界西方十萬億佛剎的安樂世界。」

阿難又問道：「其成佛到現在，經歷了多長時間？」

佛回答：「法藏成佛到現在已經經歷了十劫的時間。他的世界，自然有七寶出現，分別是：金、銀、琉璃、珊瑚、琥珀、車磲、瑪瑙等，它們組合在一起構成了大地。其國土寬廣廣大，猶如虛空，沒有界限。各種寶物交錯而立，互相參雜。其世界中，光芒四射，微妙綺麗，清淨莊嚴。該世界的珍寶超越了十方的一切世界，是眾多寶物中的精華，猶如欲界第六天中的寶物。在其國土中，沒有了須彌山、鐵圍山等高山，也沒有了大海、湖泊、溪渠、深井和山谷。但是，佛要想見到這些東西，依靠他的神通力可以隨時變化出來。此世界中也沒有地獄、餓鬼、畜生三種惡道。也沒有春夏秋冬四季的變化，一年之中，不冷不熱，氣溫適宜。」

爾時阿難白佛言：「世尊！若彼國土無須彌山，其四天王❶及忉利天❷，依何而住？」

佛語阿難：「第三炎天❸，乃至色究竟天❹，皆依何住？」

阿難白佛：「行業❺果報，不可思議。」

佛語阿難：「行業果報不可思議，諸佛世界亦不可思議。其諸眾生，功德善力，住行業之地，故能爾耳。」

阿難白佛：「我不疑此法，但為將來眾生，欲除其疑惑，故問斯義。」

佛告阿難：「無量壽佛，威神光明，最尊第一。諸佛光明，所不能及。或有佛光，照百佛世界，或千佛世界。取要言之，乃照東方恆沙佛剎，南西北方，四維上下，亦復如是。或有佛光照於七尺，或照一由旬❻、二、三、四、五由旬，如是轉倍，乃至照一佛剎。是故無量壽佛號無量光佛、無邊光佛、無礙光佛、無對光佛、炎王光佛、清淨光佛、歡喜光佛、智慧光佛、不斷光佛、難思光佛、無稱光佛、超日月光佛❼。其有眾生遇斯光者，三垢❽消滅，身意柔軟，歡喜踴躍，善心生焉。若在三塗❾，勤苦之處，見此光明，皆得休息，無復苦惱，壽終之後，皆蒙解脫。無量壽佛，光明顯赫，照曜十方。諸佛國土，莫不聞知。不但我今稱其光明，一切諸佛、聲聞、緣覺、諸菩薩眾，咸共嘆譽，亦復如是。若有眾生，聞其光明，威神功德，日夜稱說，至心不斷，隨意所願，得生其國。為諸菩薩聲聞大眾，所共嘆譽，稱其功德。至其然後得佛道時，普為十方諸佛菩薩，嘆其光明，亦如今也。」

佛言：「我說無量壽佛光明威神，巍巍殊妙，晝夜一劫尚不能盡。」

【章旨】無量壽佛有兩種含義：一是無量的壽命，一是無盡的光芒。此段側重對法藏比丘成為無量壽佛後，所放出的不可思議的光芒作了說明，並且列舉了無量壽佛和光有關的十二種名號。

【注釋】❶四天王　是欲界六天的第一天。按照佛教的世界觀，在世界的中心須彌山的半山腰的四個角上，分別由四天王及其部屬居住，護持佛法。四天王分別是東面的持國天、南面的增長天、西面之廣目天、北面之多聞天。四天王及其天眾之壽量皆為五百歲，且其一晝夜即相當人間五十年。其身長為半由旬，衣服長一由旬，寬半由旬，重半兩。天王一出生即形相圓滿，猶如人間五歲孩童。在漢地的佛教寺廟中的天王殿中常供奉四天王像，東方天王身為白色，手中持琵琶；南方天王身為青色，持寶劍；西方天王身為赤色，手中纏繞一龍；北方天王身為綠色，右手持傘。❷忉利天　是欲界六天的第二天，位於須彌山的山頂。因為山頂平臺的四個角各有八位天神，加上位於中間的帝釋天，共有三十三天，所以忉利天意譯即是「三十三天」。此天之有情壽命長達千歲，其一晝夜相當人間百年。身長一由旬，衣服長二由旬，寬一由旬。初生時就如同人間六歲的小孩。此天的色身圓滿，自有衣服。相傳佛母摩耶夫人命終後生於此天，佛曾上升忉利天為母說法三個月。❸第三炎天　又稱夜摩天，是欲界六天的第三天，此天在須彌山頂以上，依空而住，常受快樂。其壽命二千歲，以人間二百年為一晝夜。身長四分之三俱盧舍，衣長四由旬。❹色究竟天　色界一共有十八天，分別對應於四種禪定境界。此天是色界諸天的最高處，是四禪九天中的最後一個。❺行業　指身體、語言、思想的活動。❻由旬　印度用來計算里程的單位，原指牛拉車一天行走的距離。但對於行走一天的里程有不同說法。把由旬換算成中國傳統的里，有三十、四十、五十里等說法，而以四十里說較常見。❼無量光佛句　從無量光佛到超日月光佛的十二個佛號是為了表現阿彌陀佛的無量光明而給他的十二種稱號，即十二光佛。無量光即不可測量之光。無邊光指沒有邊界之光。無礙光即不能阻礙之光。無對光即無法對比的光。炎王光即一切光中最亮的光。清淨光即清淨之光。歡喜光即能夠與人歡喜的光。智慧光即給予人智慧的光。不斷光即不間斷的光。難思光即不可思議的光。無稱光即無法表述的光。超日月光即超過日月光輝的光。❽三垢　即貪瞋痴三毒。❾三塗　又作三途。即火塗、刀塗、血塗，同於三惡道之地獄、餓鬼、畜生。火塗，即地獄道，此處眾生常受火的煎熬，故稱火塗。刀塗，即餓鬼道，此處眾生常受刀杖之苦，故稱刀塗。血塗，即畜生道，此處眾生弱肉強食，互噬血肉，故稱血塗。

【語 譯】此時，阿難對佛說：「世尊！如果阿彌陀佛世界中沒有須彌山，那麼原來位於半山腰的四天王天和山頂的忉利天，將依託什麼東西存在呢？」

佛對阿難說：「欲界的第三天夜摩天，一直到色界的色究竟天，都是在虛空中，他們又依靠什麼東西存在呢？」

阿難回答說：「這是因為他們過去善的身口意三業所得的果報，是不可思議的。」

佛對阿難說：「既然天的果報是不可思議的，那麼諸佛的世界更加不可思議。而在這個世界中的眾生功德和善行，使他們足以獲得這樣的不可思議的果報，因此就算沒有須彌山、四天王和忉利天一樣也能存在。」

阿難對佛說：「我本人並不懷疑這一點，但是為了消除其他眾生的疑問，所以問了這個問題。」

佛對阿難說：「無量壽佛，其威德最為尊貴，其光明為第一。諸佛的光明都不及他。其光明或者照耀百佛的世界，或者照耀千佛的世界。簡單地說，其光明能夠照耀東方恆河沙數量的佛世界，乃至南方、西方、北方恆河沙數量的佛世界，四維上下，無所不照。與此相對，有的佛放光能照耀七尺，或者能照耀一由旬，乃至二、三、四、五由旬，如此增加，最多也不過一佛的世界。因此無量壽佛，又被稱為無量光佛、無邊光佛、無礙光佛、無對光佛、炎王光佛、清淨光佛、歡喜光佛、智慧光佛、不斷光佛、難思光佛、無稱光佛、超日月光佛等十二光佛。假如眾生，遇到了此光，就能消滅三毒，身體柔軟，意想無雜染，歡喜踴躍，善心產生。如果在三惡道等極痛苦的地方，見到此光，都能獲得解脫，不再有煩惱，壽命終了之後，不再生於此道中。無量壽佛，光明閃耀，照耀十方。諸佛的世界中，大眾都知道了此事。不但我今天稱讚他的光明，一切諸佛、聲聞、緣覺及菩薩都共同稱讚。如果有眾生聽到了無量壽佛的光明和威德，日夜稱讚，年年不斷，隨其所願，即能往生此地，獲得諸菩薩、聲聞眾共同的讚歎和誇獎，稱頌其所獲得的功德。等到最後成就佛道時，就會受到十方諸佛菩薩對其光明的稱讚，就像今天我們稱讚阿彌陀佛一樣。」

佛最後說：「無量壽佛無邊的光明、偉大的功德，廣大、殊勝、微妙，我就是用晝夜一劫去描述，也不能窮盡。」

佛語阿難：「無量壽佛，壽命長久，不可稱計，汝寧知乎？假使十方世界無量眾生，皆得人身，悉令成就聲聞、緣覺，都共集會，禪思一心❶，竭其智力，於百千萬劫，悉共推算，計其壽命，長遠劫數，不能窮盡，知其限極。聲聞、菩薩、天人之眾，壽命長短，亦復如是，非算數譬喻❷所能知也。又聲聞菩薩，其數難量，不可稱說。神智洞達，威力自在，能於掌中持一切世界。」

佛語阿難：「彼佛初會，聲聞眾數，不可稱計，菩薩亦然。能如大目揵連❸，百千萬億無量無數，於阿僧祇❹那由他❺劫，乃至滅度，悉共計挍，不能究了多少之數。譬如大海，深廣無量，假使有人，析其一毛以為百分，以一分毛沾取一渧❻，於意云何？其所渧者，於彼大海，何所為多？」

阿難白佛：「彼所渧水，比於大海，多少之量，非巧曆❼算數言辭譬類所能知也。」

佛語阿難：「如目連等，於百千萬億那由他劫，計彼初會聲聞菩薩，所知數者，猶如一渧。其所不知，如大海水。

【章旨】此段對無量壽佛的另一含義「壽命無量，不可盡數」作了描繪。

【注釋】❶禪思一心　禪思，思維寂靜。一心，專心；心無雜念。❷譬喻　用已知之事物說明未知事物的方法。佛教中經常用來說明深奧的佛教道理。《法華文句》五說：「譬者，比況也。喻者，曉訓也。托此比彼，寄淺訓深，動樹訓風，舉扇喻月，故言譬喻。」《涅槃經》二十九說了八種比喻的方法：㈠順喻，隨順人們認識的層次，自小向大作比喻。天降大雨，則小坑滿，小坑滿故大坑滿，大坑滿故乃至大海滿。佛教之法雨也是這樣，是名順喻。㈡逆喻，逆於人們認識的順序，自大向小作比喻。大海本為大河，大河本為小河，如是涅槃本為解脫，乃至持戒，本為法雨，是名逆喻。㈢現喻，以當現的事物作比喻。比如說眾生心性，猶如獼猴。㈣非喻，用假設的情形作比喻。如說佛對波斯匿王說，有大山自四方來，欲害人民，則王如何？這裡就是用四山來比喻老病生死四苦。㈤先喻，先設譬喻，再說佛法。如說有人貪著鮮花，而當他去採花時，被水沖走。眾生的貪愛欲望，同樣為生死之水淹沒。㈥後喻，先說法，後設比喻說明。如勿惡小而為之，因為水滴石穿。㈦先後喻，先後所說皆是譬喻之意。如經中說：譬如芭蕉，生果則死；愚人得養，亦復如是。如同騾子懷孕，性命不久。㈧偏喻，從始至終，皆採用比喻。❸大目揵連　即目犍連，佛陀的十大弟子之一。相傳他能在一晝夜之間，計算出三千大千世界中的童男童女數量。❹阿僧祇　又譯為無央數，佛教中用來表示極大的數目，有數不清、無數的含義。❺那由他　數量單位，相當於今天所說的億。❻渧　同「滴」。❼巧曆　精於計算。

【語　譯】佛對阿難說：「再者，無量壽佛，壽命長久，不可計算，你難道不知道嗎？假如十方世界無數眾生，都獲得人的身體，使他們都能成為聲聞、緣覺二乘人，大家共聚在一起，心無旁騖，竭盡其智力，在成千上萬劫的時間中，共同計算，來確定無量壽佛的壽命，這也是不可能的，它是一個無限數，不可能有盡頭。其國土中的聲聞、菩薩、天人等眾生，他們壽命的長短，也和無量壽佛一樣，是無盡的，不能通過計算、比喻得知。進一步，聲聞、菩薩等數量也是無盡的，不能用語言表述。無量壽佛，智慧澄明，法力無邊，自由自在，能在一個手掌中，把握整個世界。」

佛對阿難說：「阿彌陀佛舉行第一次法會時，聲聞眾生數不勝數，菩薩也是這樣。即便，我號稱神通第一的弟子大目揵連在沒有限制的時間中，乃至他死去，來計算這樣的無盡無量的數目，也不能辦到。就像大海一樣，深不可測，廣闊無邊。假如有人拿一根頭髮，把它分成一百份，用其中的一份，在大海中蘸取一滴海水，你認為怎麼樣？其所蘸取的一滴水，同整個大海之水，如何比較呢？」

阿難對佛說：「這滴水和整個大海的水量相較，其所占的比例，就是最精於計算者也無法計算、最善於比喻者也無法言說、最善於言辭的人也啞口無言。」

佛對阿難說：「大目揵連在千百億劫的時間中計算所得到的數目，加上參加聚會的聲聞、菩薩所得的數目，僅僅如同大海中的一滴水。而他們尚不知道的數目，如同大海水一樣深不可測。

「又其國土，七寶諸樹，周滿世界。金樹、銀樹、琉璃樹、頗梨[1]樹、珊瑚樹、瑪瑙樹、車磲樹。或有二寶、三寶乃至七寶轉共合成。或有金樹，銀葉華果。或有銀樹，金葉華果。或琉璃樹，玻梨為葉，華果亦然。或水精樹，琉璃為葉，華果亦然。或珊瑚樹，瑪瑙為葉，華果亦然。或瑪瑙樹，琉璃為葉，華果亦然。或車磲樹，眾寶為葉，華果亦然。或有寶樹，紫金為本，白銀為莖，琉璃為枝，水精為條，珊瑚為葉，瑪瑙為華，車磲為實。或有寶樹，白銀為本，琉璃為莖，水精為枝，珊瑚為條，瑪瑙為葉，車磲為華，紫金為實。或有寶樹，琉璃為本，水精為莖，珊瑚為枝，瑪瑙為條，車磲為葉，紫金為華，白銀為實。或有寶樹，水精為本，珊瑚為莖，瑪瑙為枝，車磲為條，紫金為葉，白銀為華，琉璃為實。或有寶樹，珊瑚為本，瑪瑙為莖，車磲為枝，紫金為條，白銀為葉，琉璃為華，水精為實。或有寶樹，瑪瑙為本，車磲為莖，紫金為枝，白銀為條，琉璃為葉，水精為華，珊瑚為實。或有寶樹，車磲為本，紫金為莖，白銀為枝，琉璃為條，水精為葉，珊瑚為華，瑪瑙為實。行行相值，莖莖相望，枝枝相準，葉葉相向，華華相順，實實相當，榮色光曜，不可勝視。清風時，發出五音❷聲。微妙宮商，自然相和。

【章旨】淨土世界的國土充滿了七寶所構成寶樹：金樹、銀樹、琉璃樹、頗梨樹、珊瑚樹、瑪瑙樹、車磲樹。寶樹排列整齊，清風吹動，發出了美妙的音樂。

【注釋】❶頗梨　指水晶。❷五音　中國古代的五種音調，叫宮、商、角、徵、羽。

【語譯】「在阿彌陀佛的淨土世界中，有七寶樹木，充滿世界。它們分別是：金樹、銀樹、琉璃樹、水晶樹、珊瑚樹、瑪瑙樹、車磲樹等七種。這些樹木或者由其中的二寶、三寶乃至七寶共同構成。比如金樹是銀的葉子、花朵和果實。銀樹是金的葉子、花朵和果實。琉璃樹是水晶為葉子，花朵和果實也是水晶所成。水晶樹是琉璃為葉子、花朵和果實。珊瑚樹是瑪瑙為葉，花朵和果實也是同樣的東西構成。瑪瑙樹是琉璃為葉，花朵和果實也是一樣。車磲樹是各種寶物雜合而成葉子、花朵和果實。此外還有的寶樹是以紫金為根，白銀為莖，琉璃為枝，水晶為條，珊瑚為葉，瑪瑙為花朵，車磲為果實。有的寶樹以白銀為根，琉璃為莖，水晶為枝，珊瑚為條，瑪瑙為葉，車磲為花朵，紫金為果實。有的寶樹以琉璃為根，水晶為莖，珊瑚為枝，瑪瑙為條，車磲為葉，紫金為花朵，白銀為果實。有的寶樹以水晶為根，珊瑚為莖，瑪瑙為枝，車磲為條，紫金為葉，白銀為花朵，琉璃為果實。有的寶樹以珊瑚為根，瑪瑙為莖，車磲為枝，紫金為條，白銀為葉，琉璃為花朵，水晶為果實。有的寶樹以瑪瑙為根，車磲為莖，紫金為枝，白銀為條，琉璃為葉，水晶為花朵，珊瑚為果實。有的寶樹以車磲為根，紫金為莖，白銀為枝，琉璃為條，水晶為葉，珊瑚為花朵，瑪瑙為果實。如此眾多的寶樹，一行行整齊排列，樹幹相對，枝條平行，葉葉相對，花朵競放，果實纍纍，其繁榮、美麗、光明，使人不能直視。清風徐來，五音相和，高低聲調，和諧搭配，悅耳動聽。

「又無量壽佛，其道場樹高四百萬里，其本周圍五千由旬，枝葉四布二十萬里。一切眾寶，自然合成。以月光摩尼❶、持海輪寶❷眾寶之王而莊嚴之。周匝條間，垂寶瓔珞❸，百千萬色，種種異變。無量光炎，照曜無極。珍妙寶網，羅覆其上。一切莊嚴，隨應而現。微風徐動，出妙法音，普流十方，一切佛國。其聞音者，得深法忍❹，住不退轉，至成佛道，不遭苦患。目睹其色，耳聞其音，鼻知其香，舌嘗其味，身觸其光，心以法緣，一切皆得甚深法忍，住不退轉，至成佛道。六根❺清徹，無諸惱患。阿難，若彼國人天，見此樹者，得三法忍：一者音響忍❻，二者柔順忍❼，三者無生法忍❽。此皆無量壽佛威神力故，本願❾力故，滿足願❿故，明了願⓫故，堅固願⓬故，究竟願⓭故。」

佛告阿難：「世間帝王有百千音樂，自轉輪聖王，乃至第六天⓮上伎樂音聲，展轉相勝千億萬倍。第六天上萬種樂音，不如無量壽國，諸七寶樹一種音聲，千億倍也。亦有自然萬種伎樂，又其樂聲無非法音，清暢哀亮，微妙和雅，十方世界，音聲之中，最為第一。

【章　旨】此一節描述無量壽佛修道處的菩提樹高大、寬廣、功德無盡。

【注　釋】❶月光摩尼　此指如同月光一樣明亮的寶珠。摩尼，寶珠。❷持海輪寶　海中的一種珠寶。《華嚴經》中說大海有四種寶珠，能生海中一切眾寶，持海輪寶大概即是此類寶物。❸纓珞　又作瓔絡。由珠玉或花等編綴成的飾物，可掛在頭、頸、胸或手腳等部位。印度一般王公貴人皆佩戴之。根據佛教經典記載，在淨土世界或北俱盧洲，均可見樹上垂有瓔珞。❹法忍　對於諸經所說微妙幽深之法義能勤學讀誦，而安住於佛法真理中。忍，忍受、忍耐。指不受外界影響而能安住於正法之中，不起嗔恚之心。❺六根　指眼、耳、鼻、舌、身、意六根。根，有能生的含義。眼根對於色境而生眼識，乃至意根對於法境而生意識，故稱六根。❻音響忍　指聽聞道場樹所發的聲音而覺悟萬物非有非無的道理。❼柔順忍　指心智圓融，對佛法不產生抵觸。❽無生法忍　指證悟萬物無生無滅的道理。❾本願　根本之願望。❿滿足願　願心圓備。⓫明了願　願心明瞭顯著。⓬堅固願　願心堅定。⓭究竟願　此願必將滿足成就。⓮第六天　即欲界第六天他化自在天。

【語　譯】「在無量壽佛的國土中，有菩提樹高達四百萬里，其根周圍達五千由旬，枝條和樹葉展開有二十萬里。此樹由各種寶物自然合成。月光寶珠、大海之寶以及各種寶物之精品，懸掛在樹上來裝飾它。在樹周圍的枝條上，有纓絡垂下來，成千上萬的色彩，隨時變化。一切莊嚴的景象，隨感應而出現。珍貴玄妙的寶網，覆蓋於其上。無量的光芒，照耀無極限。微風徐來，吹動菩提樹，發出無量微妙的聲音，傳播到一切世界中。聽到這種聲音，就能安住於佛法之中，住在不退轉的境界中，一直到成就佛道為止，在這期間，耳根清靜，不再遭受各種痛苦聲音的折磨。進而，眼見其色，鼻聞其香，口嚐其味，身體感受到其光芒，心能體認到法理，都能夠獲得極深刻的覺悟，住在不退轉的境界中，直到成就佛道為止。同樣在這期間，六根清淨，沒有煩惱。阿難！如果此國土中的天人眾生，看到了這棵菩提樹，就能證得三法忍，即音響忍、柔順忍和無生法忍。這些都有賴於無量壽佛的威德神力、根本願望、圓備的願望、明瞭顯著的願望、堅定的願望、必將滿足的願望。」

佛對阿難說：「世間的帝王能聽到成百上千種的音樂，從轉輪聖王，直到第六天，所演奏的音樂，後者都比前者所享受到的音樂好過無數億倍。而第六天上的音樂則不如無量壽佛國中七寶樹所發出的一種聲音。這一種聲音就要比第六天上的上萬種音樂美妙無數億倍。無量壽佛國中還自然發出上萬種的音樂。這種音樂，都如同佛在講法一樣，婉轉動聽，美妙和雅，在十方的世界中，這種音樂是最好的。

「又講堂精舍，宮殿樓觀，皆七寶莊嚴，自然化成。復以真珠、明月摩尼眾寶，以為交露❶，覆蓋其上。內外左右，有諸浴池。或十由旬，或二十、三十，乃至百千由旬。縱廣深淺，各皆一等。八功德水❷，湛然盈滿，清淨香潔，味如甘露❸。黃金池者，底白銀沙。白銀池者，底黃金沙。水精池者，底琉璃沙。琉璃池者，底水精沙。珊瑚池者，底琥珀沙。

琥珀池者，底珊瑚沙。車磲池者，底瑪瑙沙。瑪瑙池者，底車磲沙。白玉池者，底紫金沙。紫金池者，底白玉沙。或二寶、三寶，乃至七寶，轉共合成。其池岸上，有栴檀樹。華葉垂布，香氣普熏。天優鉢羅華、鉢曇摩華、拘物頭華、分陀利華❹，雜色光茂，彌覆水上。

【章旨】此段描述了無量壽佛國中的講堂、精舍、宮殿、樓觀都是七寶所構成，莊嚴美麗。

【注釋】❶交露　指交錯的寶珠串組成的帷幔，其狀若露珠，故稱。❷八功德水　指具有八種好處的水，有兩類：一是指淨土世界中的八功德水，它所具有的性質是：一、澄淨，就是水澄清潔淨，沒有汙穢。二、清冷，就是很清淨冷冷，沒有昏濁煩躁。三、甘美，水有甜味。四、輕軟，水的性質是輕浮柔軟。五、潤澤，就是滋潤滑澤，有益身心。六、安和，就是安寧和平，沐浴其中，安穩舒適。七、除患，就是喝了這種水，不但可以止渴，還可以去餓。八、增益，就是喝了水，或者在水中沐浴，可以增長人們的善根。本文中所謂的八功德水是就此而言。二是指須彌山與七金山之間的內海所充滿的八功德水，具有的八種性質是：一甘、二冷、三軟、四輕、五清淨、六不臭、七飲時不損喉、八飲已不傷腹。❸甘露　甜美的雨露。一種能使人不死、力大無比的神藥，故又稱天酒。印度的吠陀經典認為蘇摩酒為諸神常飲之物，飲之可不老不死，其味甘之如蜜，故稱甘露。佛教常用甘露比喻佛法之法味及長養眾生之身心的作用。❹天優鉢羅華句　優鉢羅華，即青蓮花。鉢曇摩華，即紅蓮花。拘物頭華，即黃蓮花。分陀利華，即白蓮花。前加「天」字，係強調此花非世間之花。

【語譯】「阿彌陀佛的淨土世界中，講堂、精舍、宮殿、樓觀，都由七種寶物自然形成，然後再用珍珠、月光珠寶等各種寶物，交錯組成帷幔，覆蓋其上。在淨土世界中，內、外、左、右，處處都有浴池。浴室的長、寬、深都是相等的，或者十由旬，或者二十、三十由旬，乃至成百上千由旬。池中充滿了具有澄淨、清冷、甘美、輕軟、潤澤、安和、除患、增益等性質的八功德水，水質清淨香甜，味如甘露。浴池也是由各種珍寶所組成。浴池為黃金者，池底鋪有白銀沙。浴池為白銀者，池底鋪有黃金沙。浴池為水晶者，池底鋪有琉璃沙。浴池為琉璃者，池底鋪有水晶沙。浴池為珊瑚者，池底鋪有琥珀沙。浴池為琥珀者，池底鋪有珊瑚沙。浴池為車磲者，池底鋪有瑪瑙沙。浴池為瑪瑙者，池底鋪有車磲沙。浴池為白玉者，池底鋪有紫金沙。浴池為紫金者，池底鋪有白玉沙。總之，所有的浴池都由或兩種寶物、或三種寶物，乃至七種寶物，組合構成。浴池岸邊，有栴檀樹，枝葉繁茂，香氣四溢。天上才有的青蓮花、紅蓮花、黃蓮花、白蓮花，色彩斑斕，覆蓋於水上。

「彼諸菩薩及聲聞眾，若入寶池，意欲令水沒足，水即沒足。欲令至膝，即至於膝。欲令至腰，水即至腰。欲令至頸，水即至頸。欲令灌身，自然灌身。欲令還復，水輒還復。調和冷暖，自然隨意。開神悅體，蕩除心垢。清明澄潔，淨若無形。寶沙映徹，無深不照。微瀾回流，轉相灌注。安詳徐逝，不遲不疾。波揚無量，自然妙聲，隨其所應，莫不聞者。或聞佛聲，或聞法聲，或聞僧聲，或寂靜聲❶，空無我聲❷，大慈悲聲❸，波羅蜜聲❹，或十力無畏不共法聲❺，諸通慧聲❻，無所作聲❼，不起滅聲❽，無生忍聲❾，乃至甘露灌頂❿眾妙法聲。如是等聲，稱其所聞，歡喜無量。隨順清淨，離欲寂滅，真實之義。隨順三寶，力無所畏，不共之法。隨順通慧菩薩，聲聞所行之道。無有三塗苦難之名，但有自然快樂之音，是故其國名曰極樂。

【章　旨】此段描述了無量壽佛國中寶池泉水所具有的美妙功德。

【注　釋】❶寂靜聲　宣講涅槃的法音。❷空無我聲　宣講人無我與法無我的法音。人無我，人由色、受、想、行、識五蘊組成，並沒有真實的自體，故稱人無我。法無我，人之外的宇宙萬物，受「此有故彼有」、「此無故彼無」的因緣法則的束縛，同樣沒有真實的自性，故稱法無我。❸大慈悲聲　宣講與樂、拔苦的法音。❹波羅蜜聲　宣講到彼岸的法音。❺十力無畏不共法聲　指佛所具有的功德。十力，指十種智慧的能力：㈠知覺處非處智力，處，謂道理。就是說對於一切因果報應都能知悉，如作善事，即知一定得樂報，稱為知是處；若作惡業，即知定得惡報，稱為知非處。㈡知三世業報智力，即能知一切眾生三世因果業報的智力。㈢知諸禪解脫三昧智力，即能知各種禪定及解脫三昧等的智力。㈣知諸根勝劣力，即能知眾生根性的勝劣與得果大小的智力。㈤知種種解智力，即能知一切眾生種種知解的智力。㈥知種種界智力，即能普知眾生種種境界不同的智力。㈦知一切至所道智力，即能知一切眾生行道因果的智力。㈧知天眼無礙智力，即能以天眼見眾生生死及善惡業緣而無障礙的智力。㈨知宿命無漏智力，即知眾生宿命及知無漏涅槃的智力。㈩知永斷習氣智力，於一切妄惑餘氣，永斷不生，能如實知之的智力。無畏，指佛所具有的四無畏：㈠一切智無所畏，佛在大眾中說法，聲明自己具有一切智慧而無所畏懼。㈡漏盡無所畏，佛在大眾中說法，聲明自己斷盡一切煩惱而無所畏懼。㈢說障道無所畏，佛在大眾中說法，聲明對於種種障礙成佛的惡法而無所畏懼。㈣說盡苦道無所畏，佛在大眾中說法，聲明修行戒定慧等諸盡苦之正道而無所畏懼。不共法，「不共」一詞有「獨特」、「獨有」之意。此處不共法，專指佛或菩薩之獨特能力或特性。全稱不共佛法。❻諸通慧聲　即各種智慧神通的聲音。通，神通。慧，智慧。❼無所作聲　即宣揚無所造作的聲音。❽不起滅聲　即宣講不生不滅的聲音。❾無生忍聲　即宣講無生法忍的聲音。無生忍，安住於不生不滅的狀態。❿甘露灌頂　指菩薩修行到第十地時，以智慧之水灌頂，表示獲得覺悟。

【語　譯】「極樂世界所有菩薩，以及聲聞弟子大眾，如果進入七寶所成的浴池，想要令水淹沒雙腳，池水就會淹沒雙腳。想要令池水到膝蓋，池水就會到膝蓋。想要令到腰部，池水就會到腰部。想要使池水到頸部，池水就會到頸部。想要使池水沖灌身體，池水自然就會沖灌身體。想要令池水還原恢復，池水就會還原恢復。調和涼冷或者暖熱，都能隨著自己的心意而自然顯現。這種池水能開朗心神，愉悅身體，洗滌、消除心內的煩惱汙垢。池水清淨、明徹，明淨得如同無形一樣。池底的寶沙映現透徹，沒有任何深處不照見。池水微起波瀾迴旋流動，輾轉相互流通灌注。安詳徐緩地流逝，不慢也不快。水波揚起無量自然微妙的聲音，隨著各人所應該聽聞的，一一皆可聽聞到。或者聽到佛的聲音，或者聽到佛法的聲音，或者聽到僧眾的聲音，或是聽到宣講涅槃的法音，或者聽到宣講人法二無我的法音，或者聽到宣講與樂、拔苦的法音，或者是聽到宣講六波羅蜜的聲音，或者聽聞到佛的十種智力、四種無畏、十八種不共法的聲音，或者聽到各種神通智慧的聲音，沒有任何造作的聲音，無生無滅的聲音，或者聽聞到無生法忍的聲音，乃至用甘露灌頂的眾多微妙法的聲音。像這樣的聲音，隨著眾生所聞的不同，而各各生起無量的歡喜。隨著上面聽到的各種清淨的聲音，遠離欲望，入於寂滅，住於真實。隨著佛法僧三寶的功德、佛的無所畏懼的不共之法，隨著神通智慧菩薩、聲聞之眾所行的道路，最終到達沒有三惡道的輪迴，只有自然快樂之聲音的淨土世界。因此，這個國土就叫安樂。

「阿難，彼佛國土諸往生者，具足如是清淨色身，諸妙音聲神通功德。所處宮殿、衣服、飲食、眾妙華香莊嚴之具，猶第六天❶自然之物。若欲食時，七寶應器❷自然在前。金、銀、琉璃、車磲、瑪瑙、珊瑚、虎珀、明月、真珠，如是眾鉢隨意而至。百味飲食，自然盈滿。雖有此食實無食者，但見色聞香，意以為食，自然飽足。身心柔軟，無所味著❸。

事已化去，時至復現。

【章　旨】此段描述了往生到極樂世界的眾生所具有的世間難以想像的色身以及隨意而獲得的衣服、飲食和各種寶物。

【注　釋】❶第六天　欲界之天有六重，第六重天是他化自在天，位於欲界之頂，故稱第六天。❷應器　即缽，僧人吃飯用的容器。❸味著　對味道的執著。

【語　譯】「阿難，那些佛國中的往生者，都具有如此清淨的色身、美妙的聲音和各種神通功德。所住的宮殿、所穿的衣服、所吃的飲食、所用的由各種美麗奇妙的花束裝飾的器具，就像欲界第六天中的物品一樣。如吃飯時，七種寶物作成的缽自然出現在面前。金、銀、琉璃、車磲、瑪瑙、珊瑚、琥珀、明月寶珠、真珠等質地的許多飯缽隨眾生所想而至。各種食物，自然充滿其中。雖然有這樣的美味佳餚，但實際上並不是真的吃，而是看其色，聞其香，以意念為食，自然飽足。此國土中眾生身心柔軟，不執著於各種美味。用餐過後，各種美食及器具都消失了，到下次吃飯時，再次出現。

「彼佛國土清淨安隱，微妙快樂，次於❶無為泥洹❷之道。其諸聲聞、菩薩、人天，智慧高明，神通洞達。咸同一類，形無異狀。但因順餘方❸

故，有人天之名。顏貌端正，超世希有。容色微妙，非天非人。皆受自然虛無之身，無極之體。」

【章　旨】此段繼續描述極樂世界的眾生所具有的超世稀有的特徵。

【注　釋】❶次於　近於。❷泥洹　即涅槃。❸因順餘方　依據順從往生之前所在世界的習慣。因，依據。順，順從。

【語　譯】「佛國的世界清淨而無任何的煩惱擾亂，微妙快樂，近於涅槃的境界。佛土中的聲聞、菩薩、人天等，都具有極高明的智慧，神通能力能洞察一切。他們都同屬一類，形狀並無差別。只是為了順應往生之前所在世界的習慣，才會有人、天等的名稱。他們的容貌端正，為世間所罕見。他們的面容和色相十分微妙，既非天神，也非人類。他們都感受自空虛自然之身體，沒有極限的本體。」

佛告阿難：「譬如世間貧窮乞人，在帝王邊，形貌容狀，寧可類乎？」

阿難白佛：「假令此人在帝王邊，羸陋醜惡，無以為喻，百千萬億，不可計倍。所以然者，貧窮乞人，底極廝下，衣不蔽形，食趣支命，飢寒困苦，人理殆盡。皆坐前世不殖德本，積財不施，富有益慳。但欲唐得❶，貪求無厭。不信修善，犯惡山積。如是壽終，財寶消散。苦身積聚，為之憂惱。於己無益，徒為他有。無善可怙，無德可恃，是故死墮惡趣，受此長苦。罪畢得出，生為下賤，愚鄙斯極，示同人類。所以世間帝王，人中獨尊，皆由宿世積德所致。慈惠博施，仁愛兼濟，履信修善，無所違諍，是以壽終福應，得升善道，上生天上，享茲福樂。積善餘慶❷，今得為人，遇生王家，自然尊貴，儀容端正，眾所敬事，妙衣珍膳，隨心服御，宿福所追，故能致此。」

佛告阿難：「汝言是也。計如帝王，雖人中尊貴，形色端正，比之轉輪聖王❸，甚為鄙陋，猶彼乞人在帝王邊。轉輪聖王，威相殊妙，天下第一。比忉利天王❹，又復醜惡不得相喻萬億倍也。假令天帝比第六天王❺，百千億倍不相類也。設第六天王，比無量壽佛國菩薩聲聞，光顏容色，不相及逮，百千萬億，不可計倍。」

【章　旨】此段通過乞丐、帝王、轉輪聖王、忉利天王、第六天王這五種漸次遞增的眾生和無量壽佛國眾生作比較，來說明往生無量壽佛國者和世間眾生的差別是不可計數的。

【注　釋】❶唐得　白白得到。❷積善餘慶　即「積善之家，必有餘慶」的簡寫，意為積累善行，必然伴隨後來的喜事。❸轉輪聖王　簡稱轉輪王，或輪王。釋迦牟尼時代流行的一種說法，認為轉輪聖王當在人壽達八萬四千歲時出現，統轄四天下。有四種福報：㈠大富，珍寶、財物、田宅等眾多，為天下第一。㈡形貌莊嚴端正，具三十二相。㈢身體健康無病，安穩快樂。㈣壽命長遠，為天下第一。轉輪聖王出現時，天下太平，人民安樂，沒有天災人禍。轉輪聖王是人間的理想統治者。❹忉利天王　意譯為「三十三天」，是欲界的第二天，位於須彌山頂。帝釋天在中間，四周各有八天，共為三十三天。❺第六天王　即「他化自在天」，是欲界天的第六重，位於欲界的最高處，也是欲界最美妙的所在。

【語　譯】佛對阿難說：「比如世上有極為貧困的乞丐，站在帝王的身邊，他們容貌形狀有可比性嗎？」

阿難對佛說：「假設此人站在帝王的身邊，羸弱醜陋，無法形容，二者相差千萬億倍。之所以如此，是因為貧窮的乞丐，出身低下，衣不蔽體，食物僅能維持生命，飢寒困苦，喪失了做人的尊嚴。這都是因為他前世不培植善行，聚集財富而不施捨，富有而吝嗇。只想白白得到財富，貪得無厭。不相信因果報應，不修善行，作惡多端。如果像這樣的話，命終之時，財產寶物都消失無蹤。而受苦受累聚積的財富，不僅要日夜為之煩惱擔心，而且一旦死去，財富就變得毫無用處，最終為他人所有。因為沒有一點善行可以憑靠，沒有一點功德可以依賴，因此死後墮於畜生、地獄、餓鬼等惡道中，遭受無盡的痛苦。此苦結束之後，離開了惡道，但是轉生為極為下賤的人，愚昧低下到了極點，只是有一個人類的身體。因此世間的帝王，人中尊貴者，都是由於過去世積善行德所致。他們慈悲給人恩惠，廣博救助布施他人，仁愛兼濟他人，信守諾言，修行善業，不做任何違背道理的爭奪。所以壽命終了以後，就得到福報，得以生為天、人等善道，上升到天上，享受幸福快樂。積善業必然獲得更多的喜慶之事，因此今天得以生為人類，生在王室之家，天生尊貴，儀表容貌端正，受大家的恭敬侍奉，美妙的衣服和珍貴的食物，隨意穿著和享用，這乃是拜過去積累的福德所賜，才能有今天的結果。」

佛對阿難說：「你說得對。如果比較而言，像帝王等，是人中尊貴者，容貌端正，但和轉輪聖王相比，就顯得醜陋低賤，猶如乞丐在帝王身邊。轉輪聖王，相貌威嚴莊重，美妙無比，天下第一。但和忉利天王相比，又顯得醜惡異常，相差萬億倍。假如使忉利天王和第六天王相比，又相差百千億倍，不能相比。假如第六天王和無量壽佛國的菩薩聲聞相比，他的容貌和形狀，又相差千萬億倍，遠遠無法同後者類比。」

佛告阿難：「無量壽國，其諸天人，衣服飲食，華香瓔珞，諸蓋幢幡，微妙音聲，所居舍宅，宮殿樓閣，稱其形色，高下大小。或一寶二寶，乃至無量眾寶，隨意所欲，應念即至。又以眾寶妙衣，遍布其地，一切人天，踐之而行。無量寶網，彌覆佛土，皆以金縷真珠，百千雜寶，奇妙珍異，莊嚴絞飾。周匝四面，垂以寶鈴，光色晃曜，盡極嚴麗。自然德風，徐起微動，其風調和，不寒不暑，溫涼柔軟，不遲不疾。吹諸羅網，及眾寶樹，演發無量微妙法音，流布萬種溫雅德香。其有聞者，塵勞垢習❶，自然不起。風觸其身，皆得快樂，譬如比丘得滅盡三昧❷。又風吹散華，遍滿佛土，隨色次第，而不雜亂。柔軟光澤，馨香芬烈。足履其上，陷下四寸，隨舉足已，還復如故。華用已訖，地輒開裂，以次化沒，清淨無遺。隨其時節，風吹散華，如是六反。又眾寶蓮華，周滿世界，一一寶華，百千億葉。其葉光明，無量種色，青色青光，白色白光，玄黃朱紫光色亦然，煒燁煥爛，明曜日月。一一華中，出三十六百千億光。一一光中，出三十六百千億佛，身色紫金，相好殊特。一一諸佛，又放百千光明，普為十方說微妙法。如是諸佛，各各安立無量眾生於佛正道。」

【章 旨】此段描述了無量壽佛國的天人眾生能夠享受充足的物質和精神生活，從衣服、飲食到諸佛為之說法，如此種種隨其意願，都能獲得滿足。

【注 釋】❶塵勞垢習 塵勞指煩惱，垢習是煩惱的習氣。前者是煩惱本身，後者是在煩惱影響下形成的壞習慣。❷滅盡三昧 即滅盡定，心和心所都滅盡的一種禪定。

【語 譯】佛對阿難說：「無量壽國中，天人等的衣服飲食，各種裝飾品，華蓋幢幡，美妙聲音，所居房舍，宮殿樓閣等形狀、顏色、高低、大小等能恰如其分。或者一種寶物，兩種寶物，乃至無量的寶貝，隨著意念都能隨時來到面前。又有眾寶裝飾的美妙衣服，鋪在地上，一切天人，都行走在其上。無量的寶珠網，覆蓋在佛國淨土的上空，都是用金線串著珍珠，以及成百上千的各種珍稀寶物和世間罕見的物品，所裝飾而成。周圍四面，掛著寶鈴，光影晃動閃耀，盡顯莊嚴華麗。自然所得之風，徐徐吹動，此風溫和，不冷不熱，溫涼適意，柔風拂面，不快也不慢。此風吹動羅網以及各種寶樹，產生無量的微妙法音，流出萬種溫和、優雅而又具有功德的香氣。聞到這種香氣，各種煩惱習氣，自然不再生起。此風吹在身上，皆能獲得快樂，如同出家人獲得了滅盡定。又風吹花散，飄滿了佛國淨土，顏色層次分明，而不雜亂。地上的鮮花柔軟而有光澤，芳香濃烈，腳踩在上面，會下陷四寸，當抬起腳的時候，鮮花會恢復如初。當花謝之時，地就會開裂，殘花會依次消失，清淨而沒有遺漏。隨著時節不同，風吹花散，如此反覆六次。又有各種寶蓮花，周遍充滿世界。每一朵寶蓮花上，都有百千億的葉子。葉子光明無比，有無數種顏色，青色泛著青光，白色泛著白光，玄黃、紫紅等顏色也是如此，光芒耀眼，與日月同輝。每一朵蓮花中都會發出三十六百千億種光。每一種光中，都出現三十六百千億位佛，佛身紫金色，相狀美好。每一個佛又放百千種光明，為十方眾生說微妙之法。如此諸佛，各各能接引無數眾生入於佛法正道。」

卷下

佛告阿難：「其有眾生生彼國者，皆悉住於正定之聚❶，所以者何？彼佛國中無諸邪聚❷及不定之聚❸。十方恆沙諸佛如來，皆共讚歎無量壽佛威神功德，不可思議。諸有眾生聞其名號，信心歡喜，乃至一念至心回向❹，願生彼國，即得往生，住不退轉，唯除五逆❺誹謗正法。」

【章旨】此段說明往生淨土世界需要具備的基本條件，即聞聽無量壽佛的名號，滿心喜歡，一念之間專心嚮往，發願往生極樂世界。但是那些犯了不可饒恕的罪惡的人，是不可能往生到極樂世界的。這是《無量壽經》的一個獨特的地方。

【注釋】❶正定之聚　指必定成佛證悟的那一類人。聚，類聚；類別。❷邪聚　指必定輪迴不得解脫，不能往生淨土世界者。❸不定之聚　指既可能覺悟解脫，也可能墮入六道之中的那一類人。❹回向　轉向；轉給。淨土宗二祖善導大師立二種回向：往相回向和還相回向。往相回向指厭離世俗世界，以自己信願念佛與種種功德，施於一切眾生，希望他們和我同時往生西方極樂世界，了生脫死。還相回向指發願往生極樂世界後，獲得了解脫，成就一切神通智慧功德，再回到娑婆世界救度眾生，使眾生同了生死，同生淨土，同成佛道。此處回向應指專心趨向淨土世界。❺五逆　五種嚴重的罪行，即殺父、殺母、殺阿羅漢、破壞僧團的團結、使佛身出血。

【語　譯】佛對阿難說：「眾生往生無量壽佛國者，都屬於畢竟成佛的那一類人，為什麼呢？因為在淨土世界中，沒有邪聚和不定聚的這類人。十方如恆河沙一樣的佛，都共同讚歎無量壽佛威嚴神妙的功德是不可思議的。如果有眾生聽聞到他的名稱，產生信心，歡喜信奉，乃至專心一念念想阿彌陀佛的名號，發願往生極樂世界，就能往生，住於不退轉的佛國中。當然除了那些犯了五種重罪和誹謗佛法的人。」

佛告阿難：「十方世界，諸天人民，其有至心願生彼國，凡有三輩❶：其上輩者，舍家棄欲而作沙門，發菩提心，一向專念無量壽佛，修諸功德願生彼國。此等眾生臨壽終時，無量壽佛與諸大眾，現其人前，即隨彼佛往生其國。便於七寶華❷中，自然化生❸，住不退轉，智慧勇猛，神通自在。是故阿難，其有眾生欲於今世見無量壽佛，應發無上菩提之心，修行功德，願生彼國。」

佛語阿難：「其中輩者，十方世界，諸天人民，其有至心願生彼國，雖不能行作沙門，大修功德，當發無上菩提之心，一向專念無量壽佛。多少修善，奉持齋戒❹，起立塔像❺，飯食沙門❻，懸繒然燈❼，散華燒香❽，以此回向，願生彼國。其人臨終，無量壽佛，化現其身，光明相好，具如真佛❾，與諸大眾，現其人前。即隨化佛❿，往生其國，住不退轉，功德智慧，次如上輩者也。」

佛語阿難：「其下輩者，十方世界，諸天人民，其有至心，欲生彼國，假使不能作諸功德，當發無上菩提之心，一向專意乃至十念，念無量壽佛，願生其國。若聞深法，歡喜信樂，不生疑惑。乃至一念，念於彼佛，以至誠心願生其國。此人臨終，夢見彼佛，亦得往生，功德智慧，次如中輩者也。」

【章　旨】此段說明往生佛國的上中下三類不同眾生。

【注　釋】❶三輩　指往生極樂世界的上、中、下三類眾生。三類眾生在往生前的身分、所見的佛等都有所不同。此外，《觀無量壽經》也有類似說法。其中也將往生淨土之輩分為上中下三類。此三類又可各開上中下三品，即上品上生、上品中生、上品下生、中品上生、中品中生、中品下生、下品上生、下品中生、下品下生，一共九品。❷七寶華　指由七種珍貴的寶物所構成的蓮花。❸化生　胎生、卵生、濕生、化生等四生之一，指無所依託、憑藉，變化而產生。六道中的天、地獄，以及最早的人類，都屬於此種出生方式。往生淨土世界的眾生也都屬於化生。❹齋戒　佛教中為在家信眾所設立的暫時體驗出家生活的戒條。持此戒者，必須在一日一夜的時間中，堅守不殺生、不偷盜、不邪淫、不妄語、不飲酒、不坐臥高廣嚴麗的大床和座位、不化妝和佩戴香鬘及觀聽歌舞、過午不食八條戒律。前七條屬於戒，後一條和飲食有關，是齋，合起來稱為八關齋戒。實行的時間通常選擇在每月的初八、十四、十五、二十三、二十九、三十，成為「六齋日」。❺塔像　塔和佛像。在印度，塔指的是一種以磚壘建的形方頂尖的建築。其中，藏有佛舍利的稱為塔，除此之外，稱為支提。但是後來就沒有這種區分，所有用來供養和紀念佛菩薩的此類建築統稱為塔。❻飯食沙門　以食物施捨於僧人。佛經中說，以食物施與沙門，有五種作用：㈠施命，食物乃是維持生命所必需。㈡施色，吃飯後能使人的顏色和悅。㈢施力，飲食能增加氣力。㈣施樂，飲食能使人身心安樂。㈤施辯，如果飢餓，身心怯弱，不能辯論。飲食充足，身心勇銳，得大辯才，智慧無礙。❼懸繒然燈　在佛殿前懸掛五彩的絲織品作為裝飾，在佛堂中點燃蠟燭供養諸佛。繒，絲織品。然，通「燃」。❽散華燒香　遍布鮮花、點燃香料供養諸佛。燒香，為佛教信徒供養佛菩薩的一種方式，意為驅除邪氣，恭請佛菩薩。在印度，因為天氣炎熱，容易出汗，因此為了掩蓋身體的氣味，所以有用香料塗抹身體的習慣。而天氣寒冷時，則改用燃燒香料，此當為燒香的源頭。但是燒香的習慣在中國起源於何時沒有確切的說法，一個較早的說法是，據《魏書・釋老志》記載說，在漢武帝元狩年間，霍去病征討匈奴，到達了皋蘭、居延等地，打敗匈奴。匈奴發生內訌，昆邪王殺了休屠王，率領五萬人馬來降，並繳獲了一個金人。「帝以為大神，列於甘泉宮。金人率長丈餘，大祭祀，但燒香禮拜而已。此則佛道流通之漸也。」此說中記載的「金人」只是匈奴人祭天用的祭品，而非佛陀，把此作為佛法傳入中國之始沒有根據，但是中國人從匈奴人那裡獲知「燒香」這種供養方式在當時是有可能的。❾真佛　指色相圓滿的佛的真正形象，相對於化身，稱為真佛，也就是報身。❿化佛　指隨機變化顯現的佛的方便形象，相對於真佛，稱為化佛，也就是化身。

【語　譯】佛對阿難說：「十方世界中的諸天、人類等眾生，如果能夠專心發願往生阿彌陀佛的西方極樂世界，大體說可以分成三種類別：首先是屬於上品的一類眾生，他們捨離家庭，拋棄世俗欲望，做出家人，產生覺悟之心，一直專心誦念無量壽佛的名號，修行各種善行，願意往生極樂世界。此類眾生，在壽命終了之時，無量壽佛和諸大菩薩會出現在他們的面前，他們便跟隨無量壽佛，往生到無量壽佛的國土中。在七種珍寶所成的蓮花中，自然變化而生，住在善根德行不倒退的境界，並且充滿智慧和勇猛，具有大神通，自由自在。因此，阿難，如果有眾生想在今世見到無量壽佛，就應該發起無上的覺悟之心，修行善行，發願往生極樂世界。」

佛對阿難繼續說：「其次屬於中間的一類眾生，如果專心發願往生阿彌陀佛的極樂世界，雖然不能出家做僧人，積累許多功德，但是也會發起無上的覺悟之心，專心誦念無量壽佛。或多或少作如下的五種善事：遵守八關齋戒，造佛塔塑佛像，為僧人施捨飲食，在佛殿掛五彩絲和在佛堂點蠟燭供養諸佛，在佛像前布置鮮花和燒燃各種香料，並且把做這些善事所獲的功德回轉給無量壽佛，表示願意往生他的國度。在此類人命終的時候，無量壽佛會以神通變化出一個方便之身，同樣具有光明等各種美妙的相狀，如同無量壽佛親自來到一樣，和諸大菩薩一起，出現在他的面前。此人於是便跟隨無量壽佛的化身往生極樂世界，住在不退轉的境界中。其所獲得的功德和智慧，僅次於上品的眾生。」

佛對阿難又說：「再次，其最下的一類眾生，如果有專心發願往生無量壽佛的極樂世界者，假使不能作各種善行功德，也應當發起無上的覺悟之心，一心一意，從一念到十念，專心念想無量壽佛，願意往生他的國度。如果聽到意義深刻的佛法，便歡喜接受，不產生懷疑的念頭。進一步，在一念之間，念想無量壽佛，用一種最真誠的信念，表明自己願意往生無量壽佛的國度。此類人命終的時候，就會夢到無量壽佛，也能夠往生西方極樂世界。他所獲的智慧功德，略次於中間一類眾生。」

佛告阿難：「無量壽佛，威神無極。十方世界無量無邊❶不可思議諸佛如來，莫不稱歎於彼。東方恆沙佛國❷，無量無數諸菩薩眾，皆悉往詣無量壽佛所，恭敬供養。及諸菩薩聲聞大眾，聽受經法，宣布道化。南西北方，四維上下，亦復如是。」

【章　旨】從此節開始的這一部分，是十方世界諸佛對無量壽佛的讚歎。

【注　釋】❶無邊　廣大沒有邊際。《大乘起信論》中說：「虛空無邊，故世界無邊。世界無邊，故眾生無邊。眾生無邊，故心行差別亦復無邊。」❷東方恆沙佛國　東方為太陽升起的地方，為東西南北四方之初，加上東方的無數佛國正好和西方的無量壽佛國相對應，因此這裡以東方佛國為開始。

【語　譯】佛對阿難說：「無量壽佛具有無極限的威德神力。十方世界中無量無邊的諸佛如來，莫不讚歎無量壽佛。東方如恆河沙數量的佛國中，無量無數的大菩薩，都來到無量壽佛國，以恭敬之心供養無量壽佛。這些無數的菩薩聲聞大眾，聽無量壽佛宣講經法，弘揚佛道。南西北方以及東南、東北、西南、西北四維及上下佛國中的菩薩大眾也都如此。」

爾時世尊，而說頌曰：

「東方諸佛國，其數如恆沙，
彼土諸菩薩，往覲無量覺❶。
南西北四維，上下亦復然，
彼土菩薩眾，往覲無量覺。
一切諸菩薩，各齎天妙華❷，

寶香無價衣❸，供養無量覺。
咸然奏天樂，暢發和雅音，
歌嘆最勝尊，供養無量覺。
究達神通慧，遊入深法門❹，
具足功德藏❺，妙智無等倫。
慧日照世間，消除生死雲❻，
恭敬繞三匝，稽首無上尊。
見彼嚴淨土，微妙難思議，
因發無量心，願我國亦然。

【章　旨】此段以佛陀頌言的形式展現了諸佛對無量壽佛的讚歎、供養以及決心使自己的國度和極樂世界相同的願望。

【注　釋】❶無量覺　即阿彌陀佛。阿彌陀，意為「無量」。佛，意為「覺者」。❷各齎天妙華　每個都持著天上美妙的鮮花。齎，持；拿。華，即「花」。❸寶香無價衣　珍貴的香料和無價的衣服。❹深法門佛法深刻的義理。❺功德藏 功德之藏，即一切功德。❻生死雲 生死輪迴暗無天日，如同烏雲蔽日。

【語 譯】這時，世尊說了下面的一段誦言：

「東方的諸佛國，數量如同恆河沙，
那裡的眾菩薩，去覲見無量壽佛。
南西北四維，上下等方位，
無數佛國中，菩薩來覲見。
一切菩薩，都帶著天上美妙的花朵，
珍寶名香與無價的衣服，去奉獻供養無量壽佛。
大眾一同演奏天上音樂，流暢散發出和諧幽雅的聲音，
歌頌讚歎最殊勝的世尊，供養無量壽佛。
彌陀徹底通達各種神通智慧，神遊悟入深奧的法門，
圓滿具足一切功德寶藏，微妙智慧無與倫比。
智慧的日光照亮世間，蕩除生死苦患的雲霧，
大家恭敬向佛右繞三圈，稽首禮拜無上至尊的彌陀佛。
目睹無量壽佛莊嚴淨土，美妙而不可思議，
因此發起無量的心願，願我的國土亦如此。

「應時無量尊❶，動容發欣笑，
口出無數光，遍照十方國，
迴光❷圍繞身，三匝從頂入❸。
一切天人眾，踊躍皆歡喜。
大士觀世音❹，整服稽首問：
『白佛何緣笑，唯然願說意。』
梵聲❺猶雷震，八音❻暢妙響：
『當授菩薩記，今說仁諦聽❼。
十方來正士❽，吾悉知彼願，
志求嚴淨土，受決當作佛。
覺了一切法，猶如夢幻響，
滿足諸妙願，必成如是剎。
知法如電影❾，究竟菩薩道❿，

具諸功德本，受決當作佛。
通達諸法門，一切空無我⓫，
專求淨佛土，必成如是剎。』

【章　旨】此段頌言通過無量壽佛和觀音菩薩之間的對話，表明只要理解諸法皆空的道理，專心希求淨土，十方世界都能變成淨土的空間。

【注　釋】❶無量尊　即無量壽佛。❷迴光　反射的光線。❸頂入　從頭頂進入。❹大士觀世音　即觀世音菩薩。大士，菩薩的另外一種說法。觀世音，又稱「觀自在」，簡稱「觀音」。此菩薩能夠觀聽眾生的苦難聲，即前往救助。在淨土信仰中，觀世音是阿彌陀佛的弟子，位於左側，代表慈悲。與位於右側代表智慧的大勢至菩薩一起，是阿彌陀佛的兩大侍者。❺梵聲　清淨的聲音，這裡特指佛發出的聲音。❻八音　佛所具有的八種音聲。一極好音，二柔軟音，三和適音，四尊慧音，佛的德行高尚，所以聽到這種聲音無不肅然起敬、茅塞頓開。五不女音，又稱無厭音，即佛能發出令眾生歡喜，天魔外道歸服的聲音。六不誤音，佛的聲音清晰明瞭，不宜誤解。七深遠音，八不竭音，佛的聲音無窮無盡。❼仁諦聽　仁者認真地聽。仁，即仁者，這裡指提出問題的觀世音。諦聽，認真地聽。❽正士　菩薩的別稱，意為求正道的大士。❾電影　指電光和影像。電光，即閃電之光，出現和消失都極其迅速，比喻諸法的無常。影像，指物體的影子，影子本身並不實在，比喻諸法的空無自性。❿菩薩道　菩薩所修之道，即自利利他的修行。⓫空無我　指諸法沒有自性，虛空而沒有實體。我，主宰義。無我，即諸法為因緣所構成，沒有主宰，沒有自性，又稱「法無我」，與「人無我」並稱為「二無我」。

【語譯】「就在此時，無量壽佛動了慈容，發出欣喜的微笑，口內發出無數的光明，照遍了十方佛國，

佛光四射映照佛身，光明旋繞三圈後從頭頂進入。

一切天人眾生，皆踴躍歡喜。

觀世音菩薩整理服裝，向佛行禮後問道：

『佛為何微笑，但願能作說明。』

佛口一開音聲如雷震動，八種佛音流暢美妙響亮：

『應當為菩薩授成佛之記，現在我為你們解說，你們認真地聽。

十方來的諸位大菩薩，我完全明白你們的心願，

志在尋求莊嚴清淨的佛土，受我預記決定成佛。

你們覺悟了知一切法，猶如夢境、幻影與空谷的回響。

我當滿足你們美好的願望，必定成就如我國土一樣的佛國。

覺知萬法如電光影像，圓滿成就自利利他的菩薩修行，

具足一切功德的根本，受我預記決定成佛。

通達萬法的真實體性，諸法皆是空無自性，

專心希求清淨的佛土，必定能成就這樣的佛國。』

「諸佛告菩薩，令覲安養佛❶，
聞法樂受行，疾得清淨處。
至彼嚴淨土，便速得神通，
必於無量尊，受記成等覺❷。
其佛本願力，聞名欲往生，
皆悉到彼國，自致不退轉。
菩薩興至願❸，願己國無異，
普念度一切，名顯達十方。
奉事億如來，飛化❹遍諸剎，
恭敬歡喜去，還到安養國。

【章旨】此段頌言說明十方世界中的菩薩如果能夠覲見無量壽佛，相信西方極樂世界的種種功德，那麼不僅他們自己能夠往生到不退轉的淨土世界，而且他們原來的國度也會變成美好的淨土世界。

【注釋】❶安養佛　即無量壽佛。安養，安身養性，是極樂世界的別稱。❷等覺　有兩種含義：一是佛的別稱。等，平等。等覺就是說所有覺悟的佛所證悟的內容是完全相同的。二是指菩薩五十二位修行中第五十一個階段，也是作為菩薩的最後一個階段，再經過一生的世界就能成佛。從覺悟的內容上看，此階段和佛已無區別，但是在修行上，和佛還有一定差距。此處所用的等覺當指佛。❸至願　至誠的願望。❹飛化　飛行遊化。

【語譯】「諸佛告訴諸菩薩，去見無量壽佛，
聽其教導，樂意奉行，即能迅速獲得清淨。
到達他莊嚴清淨的國度，迅速獲得各種神通，
必定能夠收到無量壽佛的授記，未來一定能夠成佛。
無量壽佛具有一種根本的願力，聞其名號便會嚮往此淨土世界，
最終都能來到無量壽佛國，自己達到不退轉的程度。
諸菩薩於是發起至誠的願望，希望自己的國度和淨土世界一樣，
慈悲念護國土中一切眾生，使自己名聲盡顯，充滿十方世界。
侍奉無數的諸佛如來，飛行遊化於各個世界之間，
最後恭恭敬敬、歡歡喜喜，回歸到了無量壽的佛國世界。

「若人無善本，　不得聞此經，

清淨有戒❶者，乃獲聞正法。
曾更見世尊，則能信此事，
謙敬聞奉行，踊躍大歡喜。
憍慢弊懈怠，難以信此法，
宿世見諸佛，樂聽如是教。
聲聞或菩薩，莫能究聖心❷，
譬如從生盲❸，欲行開導人。
如來智慧海❹，深廣無崖底，
二乘非所測，唯佛獨明了。
假使一切人，具足皆得道，
淨慧如本空❺，億劫思佛智❻，
窮力極講說，盡壽❼猶不知。
佛慧無邊際，如是致清淨。

壽命甚難得，佛世亦難值，
人有信慧❽難，若聞精進求，
聞法能不忘，見敬得大慶❾。
則我善親友❿，是故當發意，
設滿世界火，必過要聞法，
會當成佛道，廣濟生死流⓫。」

【章　旨】通過對比的手法，說明聽聞此經並相信經中所言是一次十分難得的機會，因此應當好好珍惜。即使世界充滿了烈火，為了聽聞這種佛法，也要不惜身命。

【注　釋】❶戒　為在家和出家信徒制定的行為規則，有防非止惡的作用。比如在家信徒要遵守的五戒以及過暫時出家生活的八關齋戒，沙彌和沙彌尼要遵守的十戒，正式的僧人要遵守的具足戒。❷聖心　即佛心。❸生盲　天生就失明的盲人。❹智慧海　比喻佛的智慧如同大海一樣深廣。❺本空　諸法本來性空。❻佛智　佛的智慧。《無量壽經》認為佛的智慧能了知一切物質和精神的現象，沒有局限。而普通人的智慧是有限的，所以不知佛智的廣大和無盡。❼盡壽　即盡形壽，即我們這一生的身形和壽命。❽信慧　五根中的信根和慧根，信根能破邪見，慧根能斷無明。❾大慶　即大慶喜心，修淨土者所產生的一種極大的歡喜心。❿善親友　願意聽聞接受佛法的人，都如同修淨土者的親戚朋友。⓫生死流　生死如同激流一樣能使人漂流和沉沒，所以稱為生死流。

【語 譯】「如果一個人沒有善良的心，就不能聽聞這本經的內容，清淨有戒行的人，才能獲得聽聞如來正法。如果曾經見過佛世尊的人，就能相信淨土法門，謙虛恭敬聞法後能奉行，心生大歡喜踴躍無比。驕橫傲慢而懈怠懶惰的人，難以相信這部經法，如果過去世見過諸佛，就會歡喜樂意聽信此種言教。聲聞或菩薩，不能理解佛的深刻用心，他們如同生來就盲的人，想為眾生引導前行的道路。如來的智慧如同大海一樣，深刻廣大而沒有極限，二乘之人不能測知、了解佛的智慧，唯有佛自己清楚明瞭。假如使一切人，都充分了解佛法正道，獲得清淨的智慧，知曉諸法本空的道理，再讓他們花一億劫的時間去思考佛的智慧，竭盡全力講說，用盡一生的時間仍然不能理解。佛的智慧如此廣大無邊際，如此的清淨無汙染。生命很珍貴難得，佛在世也很難遇到，人能夠具有信根和慧根也很難。若能聽聞佛法後努力追求，聽到佛法後能不忘記，見佛後恭敬必能獲得大歡喜心。
因此信聞佛法如同我的親友一樣的諸位，應當下定決心，
即使世界充滿了大火，也必定要穿越火海去聽聞佛法，
這樣一定會成就佛道，度盡一切漂流於生死苦海的眾生。」

佛告阿難：「彼國菩薩，皆當究竟一生補處，除其本願，為眾生故，以弘誓功德，而自莊嚴，普欲度脫一切眾生。阿難，彼佛國中諸聲聞眾，身光一尋❶。菩薩光明，照百由旬。有二菩薩最尊第一，威神光明，普照三千大千世界❷。」

阿難白佛：「彼二菩薩，其號云何？」

佛言：「一名觀世音，二名大勢至❸。是二菩薩，於此國土修菩薩行，命終轉化生彼佛國。阿難，其有眾生生彼國者，皆悉具足三十二相❹，智慧成滿，深入諸法，究暢要妙，神通無礙，諸根明利。其鈍根❺者，成就二忍❻。其利根者，得阿僧祇❼無生法忍❽。又彼菩薩，乃至成佛，不受

惡趣，神通自在，常識宿命，除生他方五濁惡世，示現同彼，如我國也。」

【章　旨】此段提出了西方極樂世界中兩個最為著名的菩薩：觀音和大勢至。在淨土信仰中，有西方三聖的說法，無量壽佛是本尊，而觀音和大勢至是他的兩大侍者。

【注　釋】❶尋　長度名稱。通常指八尺為一尋，一丈六為一常。也有以人的兩臂伸展開的距離為一尋的說法。❷三千大千世界　佛教的世界觀，又稱「一大三千大千世界」、「一大三千世界」、「三千世界」。佛教認為以須彌山為中心，周圍環繞四大洲及九山八海，稱為一小世界。一千個小世界形成小千世界，一千個小千世界形成中千世界，一千個中千世界構成大千世界，此大千世界因由小、中、大三種千世界所集成，故稱三千大千世界。三千世界是一佛所教化之領域，故又稱一佛國。❸大勢至　淨土信仰中菩薩的名稱，象徵智慧。和觀世音共為阿彌陀佛的兩大脇侍。觀世音、阿彌陀佛、大勢至合稱為「西方三聖」。從形象上看，大勢至頭戴天冠，天冠中有五百寶花，每一寶花又有五百寶臺，每一寶臺皆能顯現十方諸佛的淨妙國土相；頭頂上之肉髻如鉢頭摩花，肉髻中安置一寶瓶；其餘身相則與觀世音菩薩大同小異。❹三十二相　指佛具有的三十二種特殊而美好的容貌和形象。❺鈍根　愚鈍的根器，這裡指沒有智慧不堪成就佛道者。❻二忍　即音響忍和柔順忍。音響忍，從淨土世界寶樹所發出的聲音中悟解非有非無的道理。柔順忍，心底柔順，對於佛教的真理不產生抵觸的情緒。❼阿僧祇　即無量、無數的含義。❽無生法忍　體悟無生無滅的道理。

【語　譯】佛對阿難說：「無量壽佛國中的菩薩，都應當是一生之後當成佛的菩薩，這是為了救度眾生而發起的根本誓願。因為發起這個根本誓願的功德，使自身莊嚴，而能普遍地救度一切眾生。阿難，無量壽佛國中諸聲聞眾生，身體放光八尺左右。諸菩薩所放的光明能夠照到一百由旬。其中有兩個菩薩，最為尊貴，名列第一，威嚴光明，能夠普遍照射到三千大千世界。」

阿難對佛說：「那兩位菩薩，叫什麼名字？」

佛說：「一個叫觀世音，一個叫大勢至。這兩個菩薩，在此國土上修菩薩行，壽命終了之後，往生無量壽佛國。阿難，如果有眾生能夠往生淨土佛國的話，都能具有三十二種美好形象，智慧具足，深入諸法之中，徹底了解其精要奧妙之處，神通沒有障礙，眼、耳、鼻、舌、身、意六根聰明靈敏。在此佛國中，根器比較愚鈍的人，能夠成就音響忍和柔順忍。根器比較銳利的人，則能夠獲得無量的無生法忍。那個佛國中的菩薩，直到成佛，都不會再輪迴為畜生、餓鬼、地獄等惡趣，能夠得到神通，自由自在，常能知曉過去世的命運，（他發大願不往極樂，要入生死界，）生到他方五濁惡世，去度眾生。這類菩薩，雖然以形象同於五濁眾生的應化身出現在世間，但是卻不受汙染。」

佛語阿難：「彼國菩薩，承佛威神，一食之頃[1]往詣十方無量世界，恭敬供養諸佛世尊。隨心所念，華香伎樂，繒蓋幢幡，無數無量。供養之具，自然化生，應念即至。珍妙殊特，非世所有。轉以奉散諸佛菩薩聲聞大眾，在虛空中化成華蓋❷，光色昱爍❸，香氣普熏。其華周圓，四百里者。如是轉倍，乃覆三千大千世界，隨其前後，以次化沒。其諸菩薩，僉然欣悅❹，於虛空中，共奏天樂，以微妙音，歌歎佛德，聽受經法，歡喜無量。供養佛已，未食之前，忽然輕舉，還其本國。」

【章　旨】此段描繪西方極樂世界中菩薩所具有的各種神通和功德。

【注　釋】❶一食之頃　一頓飯的功夫，比喻迅速。❷華蓋　以香花裝飾的傘蓋。❸昱爍　明亮閃爍。昱，照耀。❹僉然欣悅　大家都很歡欣喜悅。僉，都；皆。

【語　譯】佛對阿難說：「淨土世界的菩薩，承蒙佛的無比神通，在一頓飯的功夫就能前往十方的無量世界，以恭敬的態度去供養諸佛。隨其心中所想，香花音樂，錦旗彩幡，就有無量無數。供養的用具，也都自然變化出來，隨著人的心念出現在面前。珍貴奇妙，世所罕見。這些珍貴奇特的東西，轉而奉獻給了諸佛、菩薩、聲聞等大眾，在虛空中變化成鮮花裝飾的傘蓋，光明閃爍，香氣四溢。這個大的鮮花傘蓋，方圓有四百里那麼大。由此再增加數倍，就能覆罩三千大千世界，隨著離傘蓋距離的遠近，依次被掩蓋在傘蓋中。那些大菩薩，都欣喜快樂，在虛空中，一起演奏天樂。用美妙的音樂，歌唱讚歎佛的功德，聽聞接受經典和佛法，產生無量的歡喜。在供養諸佛之後，同樣在這一頓飯的功夫裡，身體忽然輕輕飄起，瞬間又回到了淨土世界。」

佛語阿難：「無量壽佛，為諸聲聞菩薩大眾頒宣法時，都悉集會七寶講堂。廣宣道教❶，演暢妙法。莫不歡喜，心解得道。即時四方，自然風起，普吹寶樹，出五音❷聲。雨無量妙華，隨風周遍，自然供養，如是不絕。一切諸天，皆齎天上百千華香、萬種伎樂，供養其佛，及諸菩薩，聲聞之眾。普散華香，奏諸音樂。前後來往，更相開避。當斯之時，熙然快樂，不可勝言。」

【章旨】此段描繪極樂世界中無量壽佛說法時的宏大場景。

【注釋】❶道教　這裡指佛陀所說之教，即佛教。佛教傳入中國的初期，也常被稱為「道教」。❷五音　指宮、商、角、徵、羽五音。

【語譯】佛對阿難說：「無量壽佛為聲聞、菩薩等大眾頒布宣講佛法的時候，大家都齊聚在七寶裝飾成的講堂中。無量壽佛開講佛法，廣為宣說，流暢地闡釋了佛法的妙義。大家聽後，莫不歡喜，心中開悟，證得了佛法。此時，東西南北四方，自然吹起了大風，大風吹在所有的寶樹上，發出了美妙的音聲。降下無量的美妙鮮花，隨著風吹到各處，自然產生供養諸佛的作用，像這樣的奇妙的事情時時發生，沒有斷絕。一切諸天，都帶來了天上的成百上千種花香、上萬種的音樂，來供養諸佛、菩薩和聲聞大眾。他們如天女散花，將鮮花的香味帶到各處。他們演奏音樂，怡人心神。諸佛、菩薩、聲聞、天神前後往來，互相避讓。在這個大眾聚會的時候，大家都覺得輕鬆快樂，語言無法描述。」

佛告阿難：「生彼佛國，諸菩薩等，所可講說，常宣正法，隨順智慧，無違無失❶。於其國土，所有萬物，無我所心❷，無染著心❸，去來進止，情無所繫，隨意自在，無所適莫❹。無彼無我，無競無訟。於諸眾生，得大慈悲饒益❺之心。柔軟調伏❻，無忿恨心。離蓋❼清淨，無厭怠心。等心❽，勝心❾，深心❿，定心⓫。愛法，樂法，喜法之心⓬。滅諸煩惱，離惡趣心。

【章旨】以下的幾段從不同側面說明了西方極樂世界中的菩薩所具有的修持境界。此段重點說明菩薩所享有的沒有煩惱束縛、精神自由自在的狀態。

【注　釋】❶無違無失　沒有違反，也沒有過失。❷我所心　即認為外物為我所有的想法。我所，即把身外之物，看成為我所有。❸染著心　為物欲所充斥的執著之心。❹適莫　合意或不合意。適，稱心；合意。莫，不。❺饒益　利益。❻調伏　調和制伏。調，調和，調和控制身口意三業。伏，制伏，制伏除滅諸種惡行。❼離蓋　脫離煩惱，獲得清淨。蓋，煩惱，有五種，稱為五蓋，即欲貪、嗔恚、惛眠、掉悔、疑。所謂欲貪蓋，指欲界的貪煩惱；嗔恚蓋指嗔煩惱；惛眠蓋指惛沉與睡眠的煩惱；掉悔蓋指「掉舉」與「悔」的煩惱；疑蓋指疑的煩惱。❽等心　對諸法或眾生的一種平等之心。❾勝心　修殊勝之行的心。❿深心　求法之心深重，故稱深心，說明信仰的堅定。此心為往生淨土所發的至誠心、深心、回向發願心等三心之一。⓫定心　修禪定而不動搖的心。⓬愛法樂法喜法之心　喜愛、樂求、歡喜佛法的心。

【語　譯】佛對阿難說：「生在無量壽佛國中的諸菩薩，凡是講說佛法，常常是正確無誤的，都能夠按照智慧的引領，沒有違反和過失。對佛國中的所有萬物，都不產生為我所有的執著之心，也沒有為物欲充斥的執著心，他們來去過往，無所牽掛和執著，隨心所欲，沒有合意與否的區別。沒有彼此的分別，沒有競爭和爭執。對於眾生，常懷慈悲、哀愍之心、為眾生拔除苦難、給予快樂。對於那些有嗔心、懷憤怒的眾生，菩薩以柔軟和順之心去調和、制伏他們，而不心生怨恨。他們脫離五種煩惱，內心清淨，對於佛法的追求沒有厭煩怠倦的心理。其心對眾生一律平等，常有修善法的美好心理，常有對佛法堅定的信念，內心平靜不為外物所動。對佛法有如同喜愛美色一樣的熱愛。追求佛法，不顧身命，樂於為法獻身。獲得佛法後歡喜不忘。他們完全脫離消滅了煩惱，遠離了能導致輪迴惡道的心理。

「究竟一切菩薩所行，具足成就無量功德，得深禪定，諸通明慧❶，遊志七覺❷，修心佛法。肉眼❸清徹，靡不分了；天眼❹通達，無量無限；法眼❺觀察，究竟諸道；慧眼❻見真，能度彼岸；佛眼❼具足，覺了法性。以無礙智，為人演說。等觀❽三界，空無所有。志求佛法，具諸辯才，除滅眾生煩惱之患。從如來生，解法如如❾，善知習滅❿音聲方便，不欣世語⓫，樂在正論，修諸善本，志崇佛道，知一切法，皆悉寂滅。生身煩惱二餘俱盡⓬。聞甚深法，心不疑懼，常能修行。

【章旨】此段重點說明極樂世界中菩薩的修行和由此所得的禪定神通。

【注釋】❶諸通明慧　指六種神通和三明、三慧。六神通分別是天眼通、天耳通、宿命通、他心通、神足通、漏盡通。三明指宿命明、天眼明及漏盡明，與六神通中的三項相同。三慧是聞慧（聽聞所得的智慧）、思慧（思考得來的智慧）和修慧（修行得來的智慧）。❷遊志七覺　遊心志求於七覺支。七覺，即七覺支，七種能夠獲得覺悟的修行方法：㈠擇法覺支，辨別諸法的真偽。㈡精進覺支，專心於所修行的佛法而不懈怠。㈢喜覺支，得到正確的道理而歡喜。㈣除覺支，除去心中粗重的煩惱，捨棄虛妄之法。㈤捨覺支，捨棄被外界迷惑的內心。㈥定覺支，進入禪定狀態，不產生妄念。㈦念覺支，使心保持平衡，不出現偏差。❸肉眼　人的肉身所具有的眼睛，用來觀察外界事物。但是受到光線強弱、距離遠近的限制，所以一般肉眼所見是有限度和容易出錯的。❹天眼　天上之人所具有的眼睛，此眼能夠觀看到十方世界，三世眾生的一切。不管距離遠近、光線強弱，天眼都能看得清楚。❺法眼　菩薩所具有的眼睛。菩薩為了救度眾生，能觀察到諸法妙有的眼睛。因此法眼是觀察萬象差別的眼睛。❻慧眼　聲聞所具有的眼睛，能夠觀察一切皆空道理的眼睛，是觀察諸法平等的眼睛。❼佛眼　佛所有的具備前四眼功能的眼睛，無所不見。❽等觀　即等量齊觀。❾如如　如同真如。諸法雖然各有不同的屬性，比如水有濕性，火有暖性，但是諸法的各種屬性都非真實，空才是它們真實的本性。而這種空性，極難用語言文字來形容，故借如來作表示，稱作真如。而當我們覺悟後，我們會了解到諸法雖然千差萬別，不過都是空性真如，因此它們都如同真如。❿習滅　應作「集滅」，即「苦、集、滅、道」四諦之兩相，此處當以此二相代稱四諦的道理。⓫世語　世間的俗語。⓬生身煩惱二餘俱盡　生身之果和煩惱之因兩種殘餘，都已滅除乾淨。生身，是眾生的身體，是生死輪迴的結果。煩惱，是生死輪迴的原因。

【語　譯】「總而言之，一切菩薩的修行，能夠具足成就無量的功德，證得很深的禪定，獲得六種神通，以及三明三慧，專心追求七種獲得覺悟的方法，並修心契悟於佛法。淨土世界的菩薩肉眼明亮清澈，所見一切無不分明了知；天眼通達無礙，所見沒有限量；法眼觀察諸法，能徹底究竟明瞭各種道理；慧眼證見諸法真空之理，能度入彼岸世界；佛眼圓滿具足一切，能覺悟了知萬法的本性。諸菩薩用無障礙的辯才智慧，為人演說佛法。等量齊觀三界的一切，都是空幻而無任何實有。諸菩薩立志求學佛法，具足各種辯論口才，除滅眾生煩惱的禍患。菩薩的智慧和辯才都是從如來的教法而產生，悟解法性就是真如，很好地理解了四諦等諸種佛教的概念和語言，不喜歡世俗的雜語，樂意正法的言論，修習各種善行的根本，立志尊崇佛法聖道，了知一切法的本性，都是空虛寂滅。人的身體和煩惱這兩種輪迴之果與因都被去掉了。聽聞十分深刻的佛教道理，心裡不產生懷疑和恐懼，而是勉力修行。

「其大悲者，深遠微妙，靡不覆載❶。究竟一乘，至於彼岸。決斷疑網❷，慧由心出。於佛教法，該羅無外。智慧如大海，三昧如山王❸。慧光❹明淨，超逾日月。清白之法，具足圓滿❺。猶如雪山❻，照諸功德，等一淨❼故。猶如大地，淨穢好惡，無異心故。猶如淨水，洗除塵勞諸垢染故。猶如火王❽，燒滅一切煩惱薪故。猶如大風，行諸世界無障閡故。猶如虛空，於一切有無所著故。猶如蓮華，於諸世間無染汙故。猶如大乘，運載群萌出生死故。猶如重雲，震大法雷覺未覺故。猶如大雨，雨甘露法潤眾生故。如金剛山❾，眾魔外道不能動故。如梵天王❿，於諸善法最上首故。如尼拘類樹⓫，普覆一切故。如優曇鉢華⓬，希有難遇故。如金翅鳥⓭，威伏外道故。如眾游禽，無所藏積故。猶如牛王，無能勝故。

猶如象王，善調伏故。如師子王，無所畏故。曠若虛空，大慈等故。

【章　旨】此段進一步用大海、雪山、大地、淨水、火王、大風、虛空、蓮花、大乘、重雲、大雨、金剛山、梵天王、尼拘類樹、優曇鉢華、金翅鳥、眾遊禽、牛王、象王、獅子王、虛空等一系列的比喻說明淨土世界的菩薩所具有的真實功德。

【注　釋】❶覆載　覆蓋承載。天無所不蓋，地無所不載，比喻大悲心能包容一切。❷疑網　疑慮之網。人因為沒有智慧，對事情的真相不了解，才會疑慮。❸山王　山中最高者。比喻三昧境界很深而不動搖。❹慧光　智慧的光明。❺圓滿　滿足而無欠缺。❻雪山　指喜馬拉雅山。❼等一淨　同等一樣的清淨。❽火王　火中最大者。比喻火之猛烈。❾金剛山　在佛經中有兩種所指：一是指圍繞須彌山的外圍的鐵山，一是指須彌山。❿梵天王　色界之初禪天有梵眾、梵輔、大梵等三天，其中大梵天，又稱梵天王。⓫尼拘類樹　一種產於印度等地的類似於榕樹的樹木。這種樹樹幹高大，枝葉繁茂，所以經文用它來比喻它能覆蓋一切。⓬優曇鉢華　即曇花，一種夜間開花，且花期極短暫的花卉。有「曇花一現」之說，比喻罕見或世事無常。⓭金翅鳥　印度神話的一種神鳥。在印度教中是毗濕奴所騎之鳥。佛教中是八部眾之一，住在須彌山的下層，以龍為食物。

【語　譯】「淨土世界菩薩的慈悲道行，微妙深遠，如同天覆地載一樣包羅一切眾生。他們徹底完滿地證悟了佛所說的一乘佛法，到達彼岸世界。他們以智慧徹底斷除了疑慮的羅網，智慧之光由內心湧出。對於佛的教法，全部洞察而無遺漏。他們的智慧如大海一樣深廣，三昧禪定如大山王毫不動搖。智慧的光明清淨無與倫比，超越過日月的光輝。清淨純潔的佛法，在他們身上也都具足圓滿。淨土世界的菩薩就像大雪山一樣，照察一切功德，都是平等同一清淨。就像大地，對清淨、汙穢、美好、醜惡的一切，都沒有差別的心。就像清淨水，能洗除一切塵世的勞累以及各種塵垢和汙染。如同猛烈的火焰一樣，能夠燃燒掉一切煩惱的薪材。如同大風一樣，吹拂於天地之間而沒有障礙。如同虛空一樣，對宇宙萬有，沒有執著。就像蓮花一樣，在一切世間都不被汙染。猶如大車一樣，能運載更多的眾生脫離生死之苦。如同層層疊疊的烏雲一樣，能夠以驚天動地的雷聲使尚未覺悟者覺悟。如同大雨一樣，能夠普降甘露，滋潤眾生。如同金剛山一樣，眾魔鬼及外道都不能撼動。如同梵天王一樣，在各種善法中位居第一。如同大榕樹一樣，能夠屏蔽一切。如同曇花一現，世間難遇。如同金翅鳥一樣，能夠震懾降伏外道。如同在天空中飛來飛去的鳥一樣，沒有任何的隱藏。如同牛中之王，力大無比無人能夠戰勝。如同大象之王，善於調和並懾服大眾。如同獅子王一樣，無所畏懼。這些菩薩都心胸寬廣，猶如虛空，具有無量的慈悲情懷。

「摧滅嫉心，不忌勝故。專樂求法，心無厭足。常欲廣說，志無疲倦。擊法鼓，建法幢，曜慧日，除痴暗。修六和敬❶，常行法施，志勇精進，心不退弱。為世燈明，最勝福田❷。常為師導，等無憎愛。唯樂正道，無餘欣戚。拔諸欲刺❸，以安群生。功德殊勝，莫不尊敬。滅三垢❹障，游諸神通。因力❺緣力❻，意力❼願力❽，方便之力❾，常力❿善力⓫，定力⓬慧力⓭，多聞之力⓮，施、戒、忍辱、精進、禪定、智慧之力，正念⓯止觀，諸通明力，如法調伏，諸眾生力。如是等力，一切具足。

【章　旨】此段再次說明淨土世界中的菩薩所具有的為眾生拔除痛苦的能力以及各種神通的力量。

【注　釋】❶六和敬　六種和同愛敬，即六種和睦相處，尊敬他人的準則。一、身和同住，是身體的和平共處。二、口和無諍，是言語的不起爭論。三、意和同悅，是心意的共同欣悅。四、戒和同修，是戒律的共同遵守。五、見和同解，是見解的完全一致。六、利和同均，是利益的共同一致。❷福田　生長福德的田地。如果能夠修善行，學佛法，就能夠如農夫在田地中播種一樣，將來能夠收穫美好的結果。❸欲刺　人的欲望如同針刺一樣使人痛苦。❹三垢　即貪、嗔、痴三毒。❺因力　事物形成的直接原因，這裡指過去世所種植的善根。❻緣力　事物形成的間接原因，這裡指德行高尚的朋友、老師的教導。❼意力　思維的力量。❽願力　發起菩提心的力量。❾方便之力　種種採用世俗手段巧妙修行佛法的方法。❿常力　恆常不懈修行的力量。⓫善力　行善的力量。⓬定力　禪定的力量。⓭慧力　智慧的力量。⓮多聞之力　多聽聞佛法而獲得的力量。⓯正念　正確思維佛法。

【語　譯】「淨土世界的菩薩摧滅嫉妒之心，不妒忌別人勝過我。專心快樂追求佛法，內心不覺厭倦滿足。常想要廣說佛法以利群生，意志堅定而無疲勞厭倦。他們敲擊佛法的大鼓，高擎佛法的幢幡，閃耀智慧的光明，除滅愚痴的黑暗。修學身和同住、口和無諍、意和同悅、戒和同修、見和同解、利和同均六種和睦相處的方法，時常以佛法布施大眾，意志堅強，勇猛進取，內心不退步怯弱。淨土世界的菩薩如同世間光明的燈塔，為眾生照亮前行的道路，並為眾生種植具有深厚功德的福田。他們常常做眾生的老師，為眾生指點方向，沒有遠近親疏之別。唯獨喜歡佛法正道，而沒有其他的欣喜和憂戚。拔除眾生的欲望，解除如芒在背的痛苦，成就安撫一切眾生。淨土世界的菩薩的功德和智慧在各個世界中最為殊勝，世間一切聲聞菩薩莫不尊敬。他們消除了貪嗔痴三毒的障礙，漫遊在各種神通中。過去善根的因力，師友教導的緣力，思維的意力，信仰的願力，善巧方便的方便力，恆常不懈的常力，修行善法的善力，禪定的定力，智慧的慧力，多聞佛法的多聞之力，布施、持戒、忍辱、精進、禪定、智慧等六度之力，正確思維佛法的正念、止觀及六神通、三明等力量，以及依照佛法調和懾服眾生的能力，如此種種的力量和能力，淨土世界的菩薩全部具備。

「身色相好，功德辯才，具足莊嚴，無與等者。恭敬供養無量諸佛，常為諸佛所共稱嘆。究竟菩薩諸波羅蜜❶，修空、無相、無願三昧，不生不滅❷諸三昧門。遠離聲聞、緣覺之地。阿難，彼諸菩薩，成就如是無量功德，我但為汝略言之耳，若廣說者，百千萬劫不能窮盡。」

【章旨】此段是對菩薩功德描述和讚頌的結束。

【注釋】❶諸波羅蜜　即六波羅蜜、六度，是大乘佛教所說的六種解脫到彼岸的方法，分別是布施、持戒、忍辱、精進、禪定、智慧。❷不生不滅　指與「生滅」為代表的世俗世界相對的涅槃世界。在此境界中，完全沒有世俗世界的生滅變化，因此是不生不滅。

【語譯】「淨土世界的菩薩身體具有各種美好的特徵，各種功德以及雄辯的口才，都一一體現在菩薩身上，具足了無比的莊嚴，無與倫比。他們恭敬供養無量的諸佛，常常受到諸佛的讚歎。他們徹底地完成了六波羅蜜的修行，並且修行了空、無相、無願的三種解脫法門，以及不生不滅的證悟解脫的各種禪定。完全超出了聲聞、緣覺的層次和程度。阿難呀！上面所說的淨土世界的眾菩薩，都成就了無量的功德。這些還只是我為你簡略地舉了些例子，如果全部講說的話，恐怕就是用成百上千劫的時間也不能窮盡。」

佛告彌勒菩薩❶、諸天人等：「無量壽國聲聞菩薩，功德智慧，不可稱說。又其國土，微妙安樂，清淨若此。何不力為善❷，念道之自然❸，著於無上下，洞達無邊際？宜各勤精進，努力自求之。必得超絕去，往生安養國。橫截五惡趣❹，惡趣自然閉。升道無窮極，易往而無人。其國不逆違，自然之所牽。何不棄世事，勤行求道德？可獲極長生，壽樂無有極。

【章　旨】此段是在讚歎淨土世界中菩薩所具有的功德後，對眾生進行的勸導。

【注　釋】❶彌勒菩薩　也稱彌勒佛。❷何不力為善　何不努力行善的意思。就本經而言，善有二種：一是念阿彌陀佛的名號，是各種善行的根本。二是做各種善事。❸念道之自然　稱念、相信阿彌陀佛本願力宏大，完全沒有絲毫的懷疑猜度。念，稱念。道，阿彌陀佛的本願之道。自然，相信阿彌陀佛本願力的宏大而不生疑惑。❹五惡趣　即天、人、畜生、餓鬼、地獄等五道眾生，相對於阿彌陀佛的極樂世界而言，五道輪迴都是罪惡所在，因此說為五趣。趣，趨向。從眾生輪迴的角度看，都是由因趨向果，所以五道又稱五趣。

【語　譯】佛對彌勒菩薩及諸天、人等眾生說：「無量壽佛國中，聲聞、菩薩的功德和智慧，多得不能用言語表達。佛國的國土，精微、美妙、安靜、快樂，清淨無比。為何不努力修行善法，相信阿彌陀佛的大悲願的力量，著力證悟無上下差別的平等性，洞悉通達無有邊際的佛法之理？各人應該勤奮不懈怠，努力自願求生淨土世界，必定能獲得超脫斷絕生死苦患而去，往生到西方極樂世界。頓時截斷了五道輪迴的過程，罪惡的輪迴自然終止。從凡夫進入佛國，證得了無窮的道理，這麼容易去往佛國，可惜往生者不多。佛國淨土世界並無違逆絕棄眾生，是眾生受自然的煩惱所牽纏而不得往生。因此，大家為什麼不捨棄世間俗事，勤奮修行求學佛道呢？由此可以往生淨土世界，獲得長久的生命，壽命與快樂都無極限。

「然世人薄俗❶，共諍不急之事。於此劇惡極苦❷之中，勤身營務❸，以自給濟。無尊無卑，無貧無富，少長男女，共憂錢財，有無同然，憂思適等。屏營❹愁苦，累念積慮，為心走使❺，無有安時。有田憂田，有宅憂宅。牛馬六畜❻，奴婢錢財，衣食什物❼，復共憂之。重思累息❽，憂念愁怖。橫為非常，水火盜賊，怨家債主，焚漂❾劫奪，消散磨滅。憂毒忪忪❿，無有解時。結憤心中，不離憂惱。心堅意固，適無縱舍。或坐⓫摧碎，身亡命終，棄捐之去，莫誰隨者。尊貴豪富，亦有斯患。憂懼萬端，勤苦若此。結眾寒熱⓬，與痛共俱。貧窮下劣，困乏常無。無田亦憂欲有田，無宅亦憂欲有宅，無牛馬六畜，奴婢錢財，衣食什物，亦憂欲有之。適有一，復少一。有是少是，思有齊等。適欲具有，便復糜散。如是憂苦，當復求索。不能時得，思想無益。身心俱勞，坐起不安。憂念相隨，勤苦若此，亦結眾寒熱，與痛共俱。

【章　旨】為了勸導眾生相信西方極樂世界，願求往生，下面幾段通過對世俗世界痛苦和罪惡的描述，來襯托淨土世界的完美和令人嚮往。此一節主要描述了世人欲望無法滿足所引起的煩憂和苦痛。

【注　釋】❶薄俗　淺薄的風俗。❷劇惡極苦　佛教認為，處在人世間，如同身處火宅，是一個極其痛苦和罪惡的所在。❸勤身營務　身體勤勞，經營事務。❹屏營　惶恐不安。❺為心走使　為心所驅使。❻六畜　即牛、馬、羊、犬、雞、豕六種動物。飼養動物稱為「畜」。使用動物稱之為「牲」。❼什物　日常所用的各種物品。❽重思累息　思慮重重、唉聲歎氣。❾焚漂　焚燒漂流。❿憂毒忪忪　憂傷、痛苦而心神不寧。忪忪，心神不安定的樣子。⓫坐　由於。⓬眾寒熱　指六道中最痛苦的一個去處，即地獄。地獄中有兩個主要的類別，即八種熱地獄和八種寒地獄。八熱地獄分別是等活、黑繩、眾合、叫喚、大叫喚、焦熱、大焦熱、無間（阿鼻）等八種受烈火炙烤的痛苦之處。八寒地獄則是一個遭受寒冷折磨的地方。

【語　譯】「然而，世人貪戀世俗的淺薄習慣，導致他們往往去為那些不緊迫的事情競爭、拚命。在這個如同火宅一般極其痛苦、充滿罪惡的世界中，他們勤奮勞作，經營事務，以求得生活的自給自足。無論地位的尊卑，家境的貧富，年齡的少長，男男女女無不為錢財挖空心思，有錢沒錢都是如此，擔憂和思慮都是相同的。他們惶恐不安，憂愁苦惱，處心積慮，挖空心思，為貪心所驅使，沒有安定的時候。有田地的人為他的田地擔心，有舍宅的人為他的舍宅提心弔膽。進而，有牛、馬、羊、犬、雞、豕等六畜者，有奴婢者，有錢財者，有衣服食物及日常用具者，也都為他所有的東西而擔憂。反覆思考，唉聲歎氣，憂愁思慮，悲愁恐怖。常常擔心發生飛來橫禍的非常之事，水火無情，盜賊兇惡，冤家狠毒，債戶逼迫，這些飛來橫禍會焚燒掉人的房屋，淹沒人的田地和莊園，劫走人的財物，奪走人的所愛，最後一切都灰飛煙滅，消散殆盡。人的內心常有憂愁和怨恨，痛苦而心神不寧，不能獲得片刻的寧靜。內心無比痛苦憤恨，憂愁煩惱時刻不離。貪心牢固，欲念堅定，從來沒有絲毫的捨棄和放鬆。或者由於各種原因，導致家破人亡，財產散滅，當此肉體滅亡，壽命終了之時，自己的一切所有都會被拋棄，沒有誰能隨身帶去。享受尊貴的地位與擁有富足資財的人，同樣也有這種苦患。憂慮、恐懼，愁思萬端，伴隨著人的一生，而人們為衣食財物辛勤勞作，也無非是種下了來世的苦果。未來之時，入於八寒八熱的地獄之中，與痛苦作伴。貧困下賤的人，則常常處於困乏之中。沒有田地而極力想獲得田地，沒有舍宅而極力想獲得宅舍，沒有牛馬等六畜、沒有奴婢、沒有錢財、沒有衣服食物、沒有日常用具，所有這些對窮困潦倒的人來說都是朝思暮想，希望能夠擁有。有了其一，又想其二，有了這個，覺得還缺那個，總想所有的東西無一例外、沒有差別都能夠擁有。但是世事無常，每每擁有之後，常常會再次失去。由此又產生了新的煩惱，還要再次去尋求和索取。如此反覆，思前想後，處心積慮也沒有任何益處。身心都疲憊不堪，常常令人坐立不安。煩惱和憂愁伴隨著人的一生，不斷地獲取財物，辛辛苦苦的積累，但最終不過是結下了墮於地獄之中的苦果，與痛苦相伴。

「或時坐之終身夭命，不肯為善，行道進德❶，壽終身死，當獨遠去。有所趣向，善惡之道，莫能知者。世間人民，父子兄弟，夫婦家室，中外親屬，當相敬愛，無相憎嫉。有無相通，無得貪惜。言色常和，莫相違戾。或時心諍，有所恚怒。今世恨意，微相憎嫉，後世轉劇，至成大怨。所以者何？世間之事，更相患害。雖不即時，應急相破。然含毒畜怒，結憤精神。自然剋識❷，不得相離。皆當對生❸，更相報復。

【章　旨】此段描述了世人不做善事，互相傷害，最終所造成的冤冤相報的後果。

【注　釋】❶行道進德　即修行佛法，積累功德。❷剋識　牢記在心，永不忘記。❸對生　敵對而生。

【語　譯】「或者有的人直到由於憂愁而壽命終了的時候，仍然不肯做善事，修行佛法和積累功德，那麼當壽命終了，身體死亡的時候，因為沒有積累功德，所以只好獨自遠離死去。隨著他生前的行為，入於六道中之一。或者趣向善道或者趣向惡道，但是因為自己無修行，所以無人能知了。世界上的人民、父子兄弟、夫婦家庭、遠近的各種親屬，都應當互相尊敬愛護，相互之間不要憎恨嫉妒。互通有無，不要貪戀自己的財物和所有。言語、神情要常帶著和氣，不要惡語相向，面目可憎。有的時候，人與人之間會互相爭鬥，互相不滿，而心懷憤怒仇恨的情緒。而今世的仇恨念頭，輕微的嫉妒和憎恨，在來世都會不斷增強和加劇，最終結下深仇大恨。為什麼呢？這是因為世間的事情，都是互相禍害、冤冤相報的。雖然當時還沒有產生激烈的反應，相互之間還沒有打擊、破壞。但是仇恨和憤怒已經深埋心中，報復和毒害的念頭已經深入思想之中。自然而然，雙方的仇恨都會被牢牢記在心中，沒有絲毫的忘卻。冤家仇人總是結伴而生，互相無窮無盡的報復。

「人在世間，愛欲❶之中，獨生獨死，獨去獨來。當行至趣，苦樂之地，身自當之，無有代者。善惡變化，殃福異處，宿豫嚴待❷，當獨趣入。遠到他所，莫能見者。善惡自然追行所生❸，窈窈冥冥，別離久長。道路不同，會見無期。甚難！甚難！復得相值。何不棄眾事，各遇強健時，努力勤修善，精進願度世，可得極長生。如何不求道？安所須待？欲何樂乎？

【章　旨】此段通過強調世人各自承受果報的痛苦，來勸導眾生修善、往生。

【注　釋】❶愛欲　貪愛和欲望。❷宿豫嚴待　過去所造之業預先就嚴陣以待。宿，過去所造之業。豫，預先。❸追行所生　追著你的所作所為而產生善惡不同的報應。

【語　譯】「人生活在充滿貪愛和欲望的社會中，獨自投生又獨自死亡，神識獨自隨人的行為而往來。當到了一個他應當去的地方時，不管是苦還是樂，自己都要獨自前往、獨自承當，沒有人能替代他。人所做的善惡行為有絲毫的變化，都會導致遭受災殃或者享福的果報的不同結果，過去世所造的業也預先嚴密在等待受報，而造作者會獨自進入他所應受報的那一種類中。人死後輪迴到遙遠的他方處所，沒有人能看得到。善報惡報總是追隨著人生前的所作所為而產生，遙遠幽深，黑暗神祕，生死別離，永久長遠。個人所得的報應不同，所輪迴的種類不同，因此再想見面，是遙遙無期的。再次相見，實在是太難了！實在是太難了！因此，為何不拋棄世俗的諸種雜事，各人趁著強壯健康的時候，努力勤奮修行善法，精進願意脫離世間，往生淨土佛國就可以獲得極長久的生命。像這樣為什麼還不求學佛道？還要等待什麼呢？還想要追求什麼快樂呢？

「如是世人，不信作善得善，為道得道。不信人死更生❶，惠施得福。善惡之事，都不信之。謂之不然，終無有是。但坐此故，且自見之。更相瞻視，先後同然。轉相承受，父餘教令。先人祖父，素不為善，不識道德，身愚神暗，心塞意閉。死生之趣，善惡之道，自不能見，無有語者。吉凶禍福，競各作之，無一怪也。生死常道❷，轉相嗣立。或父哭子，或子哭父。兄弟夫婦，更相哭泣。顛倒上下❸，無常❹根本。皆當過去，不可常保。教語開導，信之者少。是以生死流轉，無有休止。如此之人，曚冥抵突❺，不信經法，心無遠慮，各欲快意，痴惑於愛欲。不達於道德，迷沒於瞋怒，貪狼於財色，坐之不得道，當更惡趣苦，生死無窮已，哀哉甚可傷！

【章　旨】此段側重說明不相信因果報應所導致的生死流轉，無窮無盡。

【注　釋】❶人死更生　即認為人死後輪迴於六道的看法。佛教認為人死後並非如燈滅，而是會受生前所做的善惡行為的牽引，生為天、人、阿修羅、畜生、餓鬼、地獄等六道之一，因此說「人死更生」。❷常道　尋常的道理。❸顛倒上下　按人的生命自然規律言，父親必然先於兒子而卒，但是世事無常，也常有白髮人送黑髮人的情況出現，由此打破了通常的規律，出現了上下顛倒的情況。❹無常　全稱為「諸行無常」，意為沒有恆常不變者，佛教的三法印之一。佛教認為，一切存在都是處在此生彼生、此滅彼滅的相互聯繫的因緣網絡中，因此沒有永恆的存在，一切都是不斷變化和消亡的，因而也就沒有任何的實體可言，這就是世界的真實的本質。❺曚冥抵突　蒙昧無知而唐突行事。曚，日光不明。冥，黑暗。抵突，唐突。

【語　譯】「像這樣的世間之人，不相信做善事有善報，修佛道就能證悟解脫。也不相信生死輪迴，以及慈善的布施就能夠獲得福報。善惡報應的事情，從來就不相信。他們認為這種報應是不可能的，根本不相信這種事情。由於這種認識根深蒂固，形成了他們自己的成見。並且左右環顧，大家又都持有相同的看法。這種錯誤的觀念代代相傳，父教子承，父親的訓示和教導就這樣傳承下來。他們的祖先，同樣是向來不做善事，不知道德為何物，身心愚痴神識暗昧，心靈阻塞，意志蒙閉。他們自己不能了解明白生死輪迴、善惡報應的道理，也沒有人告訴他們。他們不能分別做吉祥之事、凶惡之事、災禍之事、幸福之事而得到的不同後果，所以毫無顧忌地任意胡為，而且也沒有一個人覺得奇怪。生生死死是人世間的規律，一代一代會輾轉承繼也是必然。或者兒子早夭，父親痛哭；或者父親壽終，兒子痛哭。兄弟姐妹以及夫婦之間，更會有一方不測，其他人為之流淚。人世間這種父子、兄妹、夫婦生死別離的情況，實際上都是無常的一種表現。人生的一切最終都會消失，沒有可以永遠保留的東西。佛法金玉良言對眾生的開導，卻很少有人相信。所以導致了生死輪迴、世間流轉，永無終止。像這樣的人，愚昧無知莽撞唐突，不相信佛經中所傳達的道理，心無遠慮，只顧一時的痛快滿足，沉溺於欲望、貪愛的無知與迷惑的泥潭中。對道德之事毫無所知，迷失在嗔恚和憤怒之中，如餓狼一樣貪戀於錢財和美色。由於如此種種不合佛法的行為，所以將來就會輪迴到更加痛苦的一類之中，生生死死沒有窮盡，這是多麼地悲哀和可憐呀！

「或時室家[1]父子，兄弟夫婦，一死一生，更相哀愍。恩愛思慕，憂念結縛❷，心意痛著，迭相顧戀，窮日卒歲，無有解已。教語道德，心不開明，思想恩好，不離情欲。惛曚閉塞，愚惑所覆，不能深思熟計，心自端政，專精行道，決斷世事。便旋至竟，年壽終盡，不能得道，無可奈何！

【章　旨】此段說明人壽短暫，如果不能拋下世間的俗事，專心修行佛法，等到壽命終了之時，就不能獲得解脫。

【注　釋】❶室家　即家庭。❷結縛　煩惱的另一種說法。因為煩惱能夠束縛、障礙人們獲得解脫，所以又稱為「結縛」。

【語　譯】「或者有時一個家庭之中，父子、兄弟、夫婦，一人死亡一人生存，便會導致互相之間哀痛悲憫。他們之間恩恩愛愛，朝思暮想，憂愁的念頭鬱結在心頭，使人煩惱，互相之間不斷地顧念依戀，年復一年，日復一日，沒有能排解的時候。教導給他們有關佛法的道理和功德，但他們內心不能豁然開朗，不能明瞭，一味地思念親情之間的恩愛情感，不能遠離情欲。他們的內心為昏暗所蒙蔽和充塞，為愚痴和迷惑所覆蓋，不能夠深思熟慮，使自己的內心歸於正確的道路上，專心致力於修行佛法，決心了斷世間的俗事。由此很快到了獲得最終結果的時候，這時候壽命終了，不能獲得解脫，也是無可奈何的事情！

「總猥憒擾❶，皆貪愛欲。惑道者眾，悟之者寡。世間匆匆，無可聊賴❷。尊卑上下，貧富貴賤，勤苦匆務❸，各懷殺毒。惡氣窈冥，為妄興事。違逆天地，不從人心。自然非惡，先隨與之。恣聽所為，待其罪極。其壽未盡，便頓奪之，下入惡道，累世懃苦❹，展轉其中。數千億劫，無有出期。痛不可言，甚可哀愍！」

【章　旨】此段說明人們總是沉迷於貪愛之欲中，輪迴輾轉，沒有解脫的日期。

【注　釋】❶總猥憒擾　總，總是。猥，鄙陋。憒，熱鬧。擾，煩擾。❷聊賴　依靠。❸匆務　繁忙的事務。❹懃苦　怨恨的痛苦。懃，怨恨。

【語　譯】「人們總是喜歡鄙陋、熱鬧、煩擾的地方，都有貪愛的欲望。對於佛法無知的人眾多，而了解明白的人則極少。世間匆匆忙忙的生活，沒有什麼可以依靠。無論尊卑高下，還是貧富貴賤，都辛勤勞作，忙於世間事務，每個人心中都懷有傷害他人、怨毒對方的心理。這種惡毒的心理深藏於內心而不顯露，但卻是人們為非作歹的原因。他們行事違背天地之理，不合人倫良心。一切非法罪惡的事情，都伴隨著他們。他們為所欲為，胡作非為，累積罪惡到達了極點。當其壽命尚未到終了之時，便被惡業頓時奪取了生命，墮入三惡道中，累世積累的怨恨痛苦，輾轉都在其中體現出來了。經歷上千億劫那麼長的時間，而沒有解脫的日期。

痛苦不可言說，實在是太可悲了！」

佛告彌勒菩薩、諸天人等：「我今語汝，世間之事，人用是故❶，坐不得道。當熟思計，遠離眾惡。擇其善者，勤而行之。愛欲榮華，不可常保，皆當別離，無可樂者。遇佛在世，當勤精進。其有至願生安樂國者，可得智慧明達，功德殊勝。勿得隨心所欲，虧負經戒❷，在人後也。儻有疑意，不解經者，可具問佛，當為說之。」

【章旨】此段起承上啟下的作用。一方面對上面章節中所述的人世之惡作了總結，並指出解脫的路徑，另一方面又引出彌勒對佛的讚歎。

【注釋】❶人用是故　人受用享受世間的欲望。❷經戒　佛經和戒律。

【語譯】佛對彌勒菩薩以及諸天、人等說：「我今天告訴你們，世間的一切事情，榮華富貴、情欲欲望都是人覺得很受用和享受的，正是由於這一點，導致人們不能獲得佛法正道而解脫。因此，眾生應當好好思考這個問題，遠離各種罪惡的事情。選擇善的事情，勤奮努力地去實行。而所謂的愛情欲望，榮華富貴，都是無常的，不能永遠地擁有，所以應當遠離它們，其中也並不存在什麼真正的快樂。正好遇到了佛在世這樣一個好的時機，更應當勤奮努力精進，修行善法。如果其中有真心願意往生西方極樂世界者，便能獲得智慧超群，明白四達的能力，這種功德無與倫比。不要隨心所欲，有愧於佛經的教導，違背於佛教的戒律，導致落在他人之後。倘若對上面所說的道理有疑問，不了解佛經的真意，都可以詳細地向佛詢問，佛會給你們一個圓滿的解釋。

彌勒菩薩長跪❶白言：「佛威尊重，所說快善❷。聽佛經者，貫心思之，世人實爾，如佛所言。今佛慈愍，顯示大道，耳目開明，長得度脫。聞佛所說，莫不歡喜。諸天人民，蠕動之類❸，皆蒙慈恩，解脫憂苦。佛語教誡❹，甚深甚善！智慧明見，八方上下，去來今事❺，莫不究暢。今我眾等，所以蒙得度脫，皆佛前世求道之時謙苦所致。恩德普覆，福祿巍巍。光明徹照，達空無極，開入泥洹❻，教授典攬❼，威制消化，感動十方，無窮無極。佛為法王❽，尊超眾聖。普為一切天人之師。隨心所願，皆令得道。今得值佛，復聞無量壽聲，靡不歡喜，心得開明。」

【章　旨】此段是彌勒菩薩對佛所說的道理的一種讚歎，認為此種佛理能使眾生「心得開明」。

【注　釋】❶長跪　中國古時席地而坐，坐時雙膝跪地，臀部靠著腳跟叫跪，腿部離開腳跟，挺立身體，叫長跪。佛教中有類似跪法，稱為胡跪、互跪、長跪，含義略有不同。胡跪是對來自於印度或西域的跪法的通稱。互跪，右膝著地，左膝交叉於右膝上的一種跪法。長跪，與中國古時跪法相同，是互跪法的一種變通。因為互跪極易疲勞，所以也有人說長跪是為女尼所制定的一種跪法。❷快善　形容佛所說法能夠迅速解除疑惑，獲得好處。快，比喻能迅速解除疑惑。善，所獲得的利益。❸蠕動之類　指沒有腳而靠著身體的屈伸運動的軟體動物，比如蚯蚓等等，都屬「蠕動之類」。❹教誡　教誨告誡。❺去來今事　過去、未來、現在的事情。❻泥洹　「涅槃」一詞的早期譯法。❼典攬　經典的要義。典，經典。攬，撮要。❽法王　諸法之王，對佛的一種尊稱。

【語　譯】彌勒菩薩雙膝跪地，對佛說：「佛是威嚴、神通、尊貴、莊重的，佛所說的法是暢快善好的。聽了上面佛的教導，內心反覆思考，世間的人確實如同佛所說的那樣，就是如此。今天佛大慈大悲，開示顯現佛法的偉大正確的道理，眾生耳目為之一新，長久而言都能獲得解脫。聽聞佛所說的道理，大家莫不歡欣鼓舞。諸天、人類，乃至於蠕動的蟲類都能夠一一蒙受佛的慈愛恩惠，從憂愁痛苦的現實中解脫出來。佛所給予我們的教導和告誡，實在是既深刻又完善！佛的智慧見解高明，對於東西南北、四維上下的各個方位的眾生，過去、未來、現在三世的事情，沒有一件不徹底了解的。現在像我等這樣的眾生，之所以能夠蒙受佛的恩惠而從生死苦海中獲得解脫，全是因為佛在前世修行、求法的時候，謙虛恭敬、艱苦實修所導致的。佛的恩惠功德普遍地蔭覆一切眾生，福德祿位莊嚴偉大。光明閃耀，照徹四方，證悟諸法皆空，無有窮極的道理，開示證入涅槃的途徑，教導傳授佛教經典的要義，威德制服邪魔，消除煩惱，化度眾生，感動十方世界一切眾生，沒有窮盡，沒有極限。佛是諸法之王，尊貴超越一切聖賢，普遍作為一切天人的導師，隨順眾生心所求的願望，都能令學佛者證道。今日能遇到佛陀，又聽聞到無量壽佛的名號，沒有一個不心生歡喜，內心開朗光明的。」

佛告彌勒：「汝言是也。若有慈敬❶於佛者，實為大善。天下久久，乃復有佛。今我於此世作佛，演說經法，宣布道教，斷諸疑網，拔愛欲之本，杜眾惡之源。游步三界❷，無所拘閡。典攬智慧，眾道之要。執持綱維❸，昭然分明。開示五趣，度未度者。決正生死，泥洹之道。彌勒當知，汝從無數劫來修菩薩行，欲度眾生，其已久遠。從汝得道，至於泥洹，不可稱數。汝及十方，諸天人民，一切四眾❹，永劫已來展轉五道，憂畏勤苦，不可具言。乃至今世，生死不絕。與佛相值，聽受經法，又復得聞，無量壽佛，快哉甚善！吾助爾喜。

【章旨】此段指出世間眾生雖然經歷了極長時間的輪迴，遭受了無數的痛苦，但是在今世能夠遇到釋迦牟尼佛和無量壽佛，是極為幸運的事。

【注　釋】❶慈敬　慈愛恭敬。❷三界　指眾生生存的三種場所，一是欲界，指有食欲、淫欲、睡眠欲的眾生生存的地方，包括了佛教中通常說的六道：地獄、餓鬼、畜生、阿修羅、人及六欲天。二是色界，指有淨妙色法之處，即四禪天。三是無色界，指沒有色法的地方，即四無色天。❸綱維　指關鍵之處。綱，原意為提網的總繩。維，繫；拴。❹四眾　佛教中有幾種不同的說法，第一種是指佛說法時的四類眾生，即發起眾，發起講經的人；當機眾，聽聞佛法而能獲得利益的眾生；影響眾，幫助佛宣揚佛法的菩薩；結緣眾，因為根基淺薄，雖聽聞佛法，但未獲利益，只是結下了來世受益的因緣，稱為結緣眾。第二種說法是指出家之四眾，即比丘、比丘尼、沙彌、沙彌尼。第三種說法指僧俗四眾，即比丘、比丘尼、優婆塞、優婆夷。通常情況下，四眾多指僧俗四眾。

【語　譯】佛對彌勒菩薩說：「你說得對呀！如果對佛慈愛尊敬，這是一件極大的善事。天下要經歷很久的時間，才會再次有佛出現。而現在我於今世成佛，演說佛法，宣講佛教，斷除眾生的種種疑惑之網，拔除貪愛、欲望的根本，杜絕了諸種罪惡的源泉。自由地漫遊、行走於欲界、色界、無色界三界之中，沒有絲毫限制和障礙。總攬經典的要義、開啟智慧的津門、把握各種道理的要旨。掌握佛法的綱要，使之昭然分明、條理清晰。為五道之眾生開講、展示佛法之妙，救度尚未獲得救助的眾生，徹底了解生死輪迴之錯誤，證入涅槃的正確。彌勒，你應當知道，你從無數劫以來，一直修行菩薩行，想要救度眾生，時間已經很久遠了。從你證悟佛法，一直到入於涅槃，時間同樣是不可計算的。你和十方世界中的諸天神、人類，以及僧俗四眾弟子，從很久以來，輾轉輪迴在五道之中，所遭受的憂愁、畏懼、勞累、痛苦，無法用語言來表述。直到今生今世，仍然生死輪迴，無有斷絕。幸好，在今世遇到了佛陀，聽聞、信受了佛法，又可以聽到無量壽佛西方極樂世界的消息，實在是一件令人快樂的事情，我也替你們歡喜。

「汝今亦可自厭生、死、老、病痛苦，惡露不淨❶，無可樂者。宜自決斷，端身正行，益作諸善。修己潔體，洗除心垢。言行忠信，表裡相應。人能自度，轉相拯濟。精明求願，積累善本。雖一世勤苦，須臾❷之間。後生無量壽佛國，快樂無極。長與道德合明，永拔生死根本。無復貪恚愚痴，苦惱之患。欲壽一劫、百劫、千億萬劫，自在隨意，皆可得之。無為自然❸，次❹於泥洹之道。汝等宜各精進，求心所願，無得疑惑中悔，自為過咎。生彼邊地❺七寶宮殿，五百歲中受諸厄也。」

【章　旨】此段重點在於說明極樂世界中仍然有邊地的存在，是為那些內心懷有疑惑的往生者所設。

【注　釋】❶惡露不淨　指人的身體中令人厭惡的不乾淨的體液，比如膿、血、大小便等。惡，厭惡。露，體液。❷須臾　片刻之間。❸無為自然　即涅槃。無為，沒有世間的種種作為。自然，脫離人的分別、思慮，沒有了人為的干擾，一切皆是自然。❹次　位處。❺邊地　偏僻的地方。這裡指位於阿彌陀佛極樂世界邊緣的地方，是那些在修行中出現懈怠、猶豫、後悔等信徒往生的地方。往生於邊地的眾生會在五百年中，不再遇到佛法僧三寶，要受五百年的痛苦。

【語　譯】你們現在也應當自己產生對生、老、病、死，以及身體中所包含的種種不淨體液的厭惡情緒，認識到它們毫無可樂和留戀之處。應當自己下定決心，和從前作一了斷，端正身心，正當修行，更去做各種善事。修行自身，使其潔白清淨，洗滌、掃除內心的汙垢。一言一行，忠實可靠，表裡對照，相應如一。如果個人能夠自己救度自己，那就應該轉而去拯救幫助他人。精進明瞭佛理，發願、追求西方極樂世界，積累善行的功德。雖然在此一生中，充滿了艱辛和痛苦，但是其實這只是片刻的時間。以後往生到無量壽佛國中，就會快樂無比。長久與佛理合一，充滿了德行的光明，永遠消除了生死輪迴這個根本性的痛苦，再也沒有貪愛、憤恨、愚昧、無知、痛苦、煩惱等種種的禍患。想要長壽，活到一劫、百劫，乃至上千億劫的時間，都能夠不受約束，隨意實現。進入了一個沒有造作，沒有妄念參雜其中的無為自然的世界中，位處涅槃之中。你們應當各自精進努力，追求心中所嚮往的西方極樂世界，不要產生疑惑、後悔。否則，這些疑惑和後悔的過失及錯誤，會導致往生到極樂世界邊緣地帶的七寶所成的宮殿中，在此無法獲得佛法僧三寶的幫助，還要再遭受五百年的痛苦。」

彌勒白佛：「受佛重誨，專精修學，如教奉行，不敢有疑。」

佛告彌勒：「汝等能於此世，端心正意，不作眾惡，甚為至德。十方世界，最無倫匹。所以者何？諸佛國土，天人之類，自然作善，不大為惡，易可開化。今我於此世間作佛，處於五惡❶、五痛❷、五燒❸之中，為最劇苦。教化群生，令舍五惡，令去五痛，令離五燒，降化其意，令持五善❹。獲其福德，度世長壽，泥洹之道。」

【章　旨】此下的幾個章節以五惡、五痛、五燒為代表，再次說明此世間所有的劇烈之痛苦和罪惡。

【注　釋】❶五惡　即殺生、偷盜、邪淫、妄語、飲酒五種罪惡。此「五惡」正好與「五戒」相反。❷五痛　即犯下殺生、偷盜、邪淫、妄語、飲酒五種惡事。在現世中，就受到了王法的制裁，遭受到了痛苦，名為五痛。❸五燒　即犯下殺生、偷盜、邪淫、妄語、飲酒五種惡事。在來世中，將輪迴於三惡道中，遭受痛苦，名為五燒。❹五善　即不殺生、不偷盜、不邪淫、不妄語、不飲酒等五戒。

【語　譯】彌勒對佛說：「受到佛如此的諄諄教誨，應當專心、精進修行佛法，依照佛的教導，恭敬奉行，不敢有所懷疑。」

佛對彌勒說：「你們能夠在這個世界中，端正自己的身心，修正自己的意念，不去造作種種罪惡，確實是一件極其高尚的德行。在十方的世界中，是無人和你們相比的。為什麼呢？在諸佛的各個國土中，諸天神、人類，都自然地做善事，不大容易作惡，所以容易開導、教化。而今天我成佛證道的這個世界，充滿了殺生、偷盜、邪淫、妄語、飲酒等五種罪惡，並遭受由此所帶來的現世懲罰之痛苦，和來世輪迴於三惡道中的苦難。在各個世界中，是最痛苦的一個世界。我在此世界中，教化眾生，令他們捨棄五種罪惡，去掉了由此帶來的痛苦，遠離了輪迴於惡道的後果，降伏轉化他們的意念，令他們持守五戒之善。由此獲得福報和功德，從世間解脫，獲得了長壽，進入了涅槃。」

佛言：「何等為五惡？何等五痛？何等五燒？何等消化五惡，令持五善，獲其福德，度世長壽，泥洹之道？其一惡者，諸天人民，蠕動之類，欲為眾惡，莫不皆然。強者伏弱，轉相克賊，殘害殺戮，迭相吞噬。不知修善，惡逆無道，後受殃罰，自然趣向。神明❶記識，犯者不赦。故有貧窮、下賤、乞丐、孤獨、聾盲、瘖瘂、愚痴、憋惡，至有尪狂不逮❷之屬。又有尊貴、豪富、高才、明達，皆由宿世慈孝，修善積德所致。

世有常道，王法牢獄，不肯畏慎，為惡入罪，受其殃罰。求望解脫，難得免出。世間有此目前現事，壽終後世，尤深尤劇。入其幽冥❸，轉生受身。譬如王法，痛苦極刑，故有自然三塗，無量苦惱。轉貿其身❹，改形易道。所受壽命，或長或短。魂神精識，自然趣之。當獨值向，相從共生，更相報復，無有止已。殃惡未盡，不得相離，展轉其中，無有出期，難得解脫，痛不可言。天地之間，自然有是。雖不即時，卒暴應至，善惡之道，會當歸之。是為一大惡、一痛、一燒，勤苦如是。譬如大火焚燒人身，人能於中，一心制意，端身正行，獨作諸善，不為眾惡者，身獨度脫，獲其福德，度世上天，泥洹之道，是為一大善也。」

【章　旨】此段首先就五惡、五痛和五燒的第一種「殺生」進行了描述，對治的方法則為五戒之一「不殺生」。

【注　釋】❶神明　即神靈。❷尪狂不逮　羸弱、多病而有所不及的人。尪，羸弱。狂，病。❸幽冥　黑暗無光的地方，這裡比喻三惡道沒有智慧，無法見到佛法的光芒。❹轉貿其身　轉變、變換身體。貿，交換；變換。

【語譯】佛說：「是什麼樣的五種惡？是什麼樣的五種痛？是什麼樣的五種燒呢？又是什麼樣的東西能夠消除五惡，持守五善，獲得福報和功德，脫離世間，享有長壽，證入涅槃之道呢？第一種罪惡就是，各類天神、人民，乃至蠕動的爬蟲等，都想造各種罪惡，無有一類眾生不是如此。恃強凌弱，進而互相防範、克制，戕賊，互相殘害、大肆殺戮，互相併吞、弱肉強食。不知道修行善法，從來都是兇惡蠻橫，不講道理。等到後來遭受災禍和懲罰，是當然的一種報應。神靈們會不斷地記錄、標示眾生的所作所為，犯了重罪，必然不能獲得赦免。因此，世間才會有貧窮之人、下賤之人、乞丐、孤獨之人、既聾又盲的人、啞巴、愚昧無知的人、卑鄙作惡的人，乃至有羸弱多病、氣力不及常人的人。也會有尊貴的人、豪富之人、才高聰明的人，這些都是由於過去世慈惠孝順，修行善法，積累功德所導致的善果。世間有恆常不變的道理，有國家的法律制度，以及監獄和大牢，而眾生卻不肯畏懼、謹慎，造作了種種惡，犯下了累累的罪行，最終遭受到災殃、懲罰。此時再去祈求，希望解除痛苦、逃脫懲罰、赦免罪行，那就很困難了。目前的這個世間就有這種現受苦報的事實，壽終之後轉生後世，所受的苦報就更深更劇烈。進入到了幽冥的世界，投胎轉世，獲得了新的身體。如同在此世遭受到王法的制裁，經歷了極其痛苦的刑法一樣，這些人在投胎轉世的時候實際上投生到了畜生、餓鬼、地獄三惡道中，更會有無盡的痛苦。他們轉換了身體，改變了模樣，成為不同於前世的另一類眾生。所享有的壽命或長或短。靈魂、精神、意識，隨之而生。犯了五惡的眾生會互相再會面，相伴轉生於同一類中，前世的仇恨延續至今世，互相報復，沒有停止的時候。災禍和罪惡沒有盡頭，不能從苦海中脫離，輾轉在三惡道中，生生死死，沒有逃出、離開三惡道的確定時間，難以獲得解脫，痛苦真的是不可言說。天地之間，自然有這樣的因果報應。雖然這種報應不一定是當時就出現，突然就得到了報應，但是善有善報，惡有惡報的道理，終歸會體現出來。這就是所謂的第一種極大的罪惡、第一種極大的痛苦、第一種極大的果報，勤勞受苦就像這樣。又比如在大火焚燒人的身體的危急情況下，如果人能在火中一心制伏自己的意念，端正身心，正確修行善法，只做各種善事，不造一切罪惡，本身就能獨自度脫生死苦海，而獲得福報和功德，脫離世間，上升天界，證入涅槃的聖道，這就是第一種大善行！」

佛言：「其二惡者，世間人民，父子兄弟，室家夫婦，都無義理❶，不順法度❷。奢淫憍縱，各欲快意，任心自恣，更相欺惑，心口各異，言念無實。佞諂不忠，巧言諛媚，嫉賢謗善，陷入怨枉。主上不明，任用臣下，臣下自在，機偽❸多端。踐度能行，知其形勢。在位不正，為其所欺，妄損忠良，不當天心。臣欺其君，子欺其父。兄弟夫婦，中外知識❹，更相欺誑。各懷貪欲、瞋恚、愚痴❺，欲自厚己，欲貪多有。尊卑上下，心俱同然。破家亡身，不顧前後。親屬內外，坐之滅族。或時室家，知識鄉黨，市里愚民野人，轉共從事，更相剝害，忿成怨結。富有慳惜，不肯施與，愛保貪重，心勞身苦。如是至竟，無所恃怙❻，獨來獨去，無一隨者。善惡禍福，追命所生。或在樂處，或入苦毒，然後乃悔，當復何及！世間人民，心愚少智，見善憎謗，不思慕及，但欲為惡，妄作非法。常懷盜心，悕望他利。消散磨盡，而復求索。邪心不正，懼人有色。不豫思計，事至乃悔。今世現有，王法牢獄，隨罪趣向，受其殃罰。因其前世，不信道德，不修善本，今復為惡，天神剋識，別其名籍。壽終神逝，下入惡道。故有自然三塗，無量苦惱，展轉其中，世世累劫，無有出期，難得解脫，痛不可言！是為二大惡、二痛、二燒，勤苦如是。譬如大火焚燒人身，人能於中，一心制意，端身正行，獨作諸善，不為眾惡者，身獨度脫，獲其福德，度世上天，泥洹之道，是為二大善也。」

【章旨】此段描述了第二種罪惡、痛苦，即「偷盜」。對治方法則為五戒之一「不偷盜」。

【注釋】❶義理　道義、情理。❷法度　法規尺度。❸機偽　機巧虛偽。❹知識　這裡指朋友。❺貪欲嗔恚愚癡　佛教稱此三者為「三毒」。貪欲，對於自己喜愛之物的貪戀欲望。嗔恚，對於不合自己心意的人和事的憤怒情緒。愚痴，不明事理，愚笨無知。❻恃怙　依賴；依靠。

【語譯】佛陀說：「第二種罪惡就是，世間上的人民，不論是父母、子女、兄弟姐妹，乃至家室夫妻，都不講道義，不講情理，不遵守法規和制度。奢侈、淫亂、驕傲、放縱，每個人都想隨心所欲，放任自己的心意，不受約束地胡作非為，互相欺瞞、迷惑，心中所想和口中所言互不相同，從言語到內心都不誠實。巧言諂媚而不忠實，花言巧語，阿諛奉承，嫉賢妒能，陷害他人，冤枉好人。做君主、上司的不能明察秋毫，胡亂任用大臣和下屬，而大臣和下屬則為所欲為，奸詐虛偽，詭計多端。他們只做那些容易做的事情，善於做表面文章，精於人情世故。而做君主、上司的因為本身品行不端正，被大臣和下屬所欺瞞，無中生有地陷害忠良之人，不符合天地良心。臣下欺騙君主，兒子欺騙父親。兄弟之間、夫婦之間、遠近親屬之間、朋友之間，互相欺詐和誑騙。每個人都心懷貪欲、嗔恚、愚痴，想厚待自己，想貪占更多的東西。無論是高貴之人，還是卑賤之人，無論是上等富豪，還是下等貧民，內心所想完全一樣。家破人亡，而不顧慮前因後果之報應。遠近的親屬也都會被連累，遭受殺親滅族的懲罰。或者在此時，家庭內部、朋友之間、鄉親鄰里、市井眾生、愚昧的民眾、鄉野農夫，競相從事害人利己的事情，導致層層盤剝、互相傷害，怨恨、仇視的情緒形成並積累下來。富有的人吝嗇小氣，不肯將財物布施給貧窮之人，只知道愛惜、保護、貪求、看重自己的財物，導致內心勞累，身體疲憊。即便如此，等到生命終了之時，沒有什麼善行功德可資依靠，赤條條地來，赤條條地去，財富終歸是身外之物，一件也無法帶走。而或善或惡，或享受福報或遭遇災殃，都將在生命輪迴的場所而得以顯現。或者在極樂世界，或者進入了痛苦罪惡的地方，此時再後悔惋惜，還有什麼用呢！這個世界上的人民內心愚昧，缺乏智慧，看到善事善行，就憎恨誹謗，而不去羨慕和追隨，只想造作罪惡，狂妄地從事非法的勾當。內心常常懷有偷盜的想法，覬覦他人的財物。等到財物消耗用盡之後，又會再次去貪求和索取。心裡邪惡，品行不端，常害怕自己的所作所為被人發現，內心慌亂恐懼。但是事前不考慮清楚犯罪的後果，等到事情敗露，懲罰來臨，才會後悔。今世就有國法和牢獄的存在，隨著你所犯的罪行而獲得相應的懲罰。因為前世不相信佛法及其所產生的功德，不去培植善行的根基，而現在再次作惡，那麼神靈一定會牢記在心，記錄在案。等到壽命終了，靈魂離去，就會墮入三惡道中。這三惡道是因其所作的惡業，而自然獲得的報應，當然要遭受無量痛苦和煩惱，輪迴於三惡道中，世世代代、累生累劫，沒有逃離此處的日子，很難獲得解脫，痛苦實在無法言說！這就是第二大罪惡、第二大痛苦、第二大果報，辛勤反而受苦，就是如此。又比如在大火焚燒人的身體的危急情況下，如果人能在火中一心制伏自己的意念，端正身心，正確修行善法，只做各種善事，不造一切罪惡，本身就能獨自度脫生死苦海，而獲得福報和功德，脫離世間，上升天界，證入涅槃的聖道，這就是第二種大善行！」

佛言：「其三惡者，世間人民，相因寄生[1]，共居天地之間，處年[2]

壽命，無能幾何。上有賢明、長者、尊貴、豪富。下有貧窮、廝賤、尪劣、愚夫。中有不善之人，常懷邪惡，但念淫泆❸，煩滿胸中。愛欲交亂，坐起不安。貪意守惜，但欲唐得。眄睞細色❹，邪態外逸❺。自妻厭憎，私妄出入。費損家財，事為非法。交結聚會，興師相伐，攻劫殺戮，強奪不道。惡心在外，不自修業。盜竊趣得，欲擊成事。恐勢迫脅，歸給妻子。恣心快意，極身作樂。或於親屬，不避尊卑，家室中外，患而苦之。亦復不畏王法禁令。如是之惡，著於人鬼，日月照見，神明記識。故有自然三塗，無量苦惱，展轉其中，世世累劫，無有出期，難得解脫，痛不可言！是為三大惡、三痛、三燒，勤苦如是。譬如大火焚燒人身，人能於中，一心制意，端身正行，獨作諸善，不為眾惡者，身獨度脫，獲其福德，度世上天，泥洹之道，是為三大善也。

【章旨】此段描述了第三種罪惡、痛苦，即「邪淫」。對治的方法則為五戒之一「不邪淫」。

【注　釋】❶相因寄生　互相依賴、依託而生存。這裡指人類是男女、陰陽互相依賴而生。❷處年　處在世間的年頭。❸淫劮　淫蕩放逸。劮，通「逸」。❹眄睞細色　雙目斜視那些美貌的男女。眄睞，斜視。細色，美貌的男女。❺邪態外逸　淫邪的姿態顯露在外。

【語　譯】佛說：「第三種罪惡就是，世間的人民，互相依賴、寄託而生存，共同居住在天地之間，處在世上的年頭和壽命，沒有多長的時間。上有賢達明智的人、年高德長的人、地位尊貴的人、家產豪富的人。下有貧困潦倒的人、低等下賤的人、羸弱下劣的人、愚昧無知的人。在其中，有些不善良的人，常常心懷邪惡的念頭，只想著邪淫放蕩的事情，內心煩躁、胸中憋悶。愛戀和欲望交織在一起，而坐立不安。貪心熾盛、愛惜守護自己的所得，只想白白地獲得。目光斜視在那些美貌男女身上，淫邪的姿態暴露無遺，放蕩的表情顯露於外。對自己的妻子產生了厭惡和憎恨，在外面與他人私通，廝混來往。損耗家中的財富，而所做之事都是非法的。結交狐朋狗友，聚集不良之眾，興師動眾，互相攻伐，掠奪、搶劫、殺戮，巧取豪奪，無惡不作。邪惡的心思暴露在外，不去修行自己的善業。通過盜竊來取得財物，通過攻擊他人來辦成想要成就的事情。而其中所有的恐懼、迫害和威脅的情況，都由妻子來承擔。他們毫無顧忌，隨心所欲，尋歡作樂。對於親屬，毫不顧及尊卑的情面而胡作非為，家庭成員和遠近的親戚都為之擔憂、痛苦，把他們當成一種禍患。同樣也不畏懼國家法律和禁令。像這樣的罪惡，人道與鬼神有目共睹，天地日月也都照見，神靈記載識別。因為這三惡道是因其所作的惡業，而自然獲得的報應，當然要遭受無量痛苦和煩惱，輾轉於三惡道中，世世代代、累生累劫，沒有逃離此處的日子，很難獲得解脫，痛苦實在無法言說！這就是第三大罪惡、第三大痛苦、第三大果報，辛勤反而受苦，就是如此。又比如在大火焚燒人的身體的危急情況下，如果人能在火中一心制伏自己的意念，端正身心，正確修行善法，只做各種善事，不造一切罪惡，本身就能獨自度脫生死苦海，而獲得福報和功德，脫離世間，上升天界，證入涅槃的聖道，這就是第三種大善行！」

佛言：「其四惡者，世間人民，不念修善，轉相教令，共為眾惡。兩舌❶惡口❷，妄言❸綺語❹。讒賊鬥亂❺，憎嫉善人，敗壞賢明，於傍快喜。不孝二親❻，輕慢師長，朋友無信，難得誠實。尊貴自大，謂己有道。橫行威勢，侵易於人❼，不能自知。為惡無恥，自以強健，欲人敬難。不畏天地，神明日月。不肯作善，難可降化。自用偃蹇❽，謂可常爾。無所憂懼，常懷憍慢。如是眾惡，天神記識。賴其前世，頗作福德，小善扶接❾，營護助之。今世為惡，福德盡滅。諸善神鬼，各去離之，身獨空立，無所復依。壽命終盡，諸惡所歸，自然迫促，共趣奪之。又其名籍，記在神明，殃咎牽引，當往趣向。罪報自然，無從舍離。但得前行，入於火鑊。身心摧碎，精神痛苦。當斯之時，悔復何及？天道冏然⑩，不得蹉跌⑪。故有自然三塗，無量苦惱，展轉其中，世世累劫，無有出期，難得解脫，痛不可言！是為四大惡、四痛、四燒，勤苦如是。譬如大火焚燒人身，人能於中，一心制意，端身正行，獨作諸善，不為眾惡，身獨度脫，獲其福德，度世上天，泥洹之道，是為四大善也。」

【章　旨】此段描述了第四種罪惡，即「妄語」。對治的方法是五戒之一「不妄語」。

【注　釋】❶兩舌　佛教中所說的殺生、偷盜、邪淫、妄語、惡口、兩舌、綺語、貪欲、嗔恚、愚痴等「十惡」之一，指挑撥離間、搬弄是非。❷惡口　用惡毒、粗鄙的語言罵人，「十惡」之一。❸妄言　以虛妄的語言騙人。妄語既是「十惡」之一，同時又是「五惡」之一。❹綺語　下流淫蕩的言語，「十惡」之一。❺讒賊鬥亂　讒言賊害他人而爭鬥擾亂。❻二親　父母。❼侵易於人　侵犯、鄙視他人。易，輕視。❽自用偃蹇　剛愎自用、驕傲自滿。偃蹇，驕傲；傲慢。❾扶接　扶持、銜接。❿天道冏然　天道光明正大。冏，光明。⓫蹉跌　原意為失足跌倒，比喻失誤。

【語　譯】佛說：「第四種惡就是，世間的人民，不去思念、修行善法，相互教唆，共做罪惡之事。挑撥離間、惡語相向、謊話連篇、淫聲蕩語，不離於口。讒言陷害他人、互相爭鬥擾亂，憎恨嫉妒善良之人，鄙視敗壞賢達明智之人，自己卻幸災樂禍，在旁邊暗自歡喜。不孝敬父母，輕視老師和長輩，對朋友言而無信，沒有誠信可言。自尊自大，自認為很有能力和道行。橫行霸道，仗勢欺人，侵害、淩辱他人，完全不知道自己的過錯。多行不義之事而毫無羞恥之心，自認為很強大、雄健，但要讓他人尊敬卻很難。從不畏懼天地、神明、日月。不肯做善事，難以降伏教化。剛愎自用、驕傲自大，認為可以永遠這樣下去。無所畏懼擔憂，內心常懷著驕傲的情緒。像這樣的罪惡，天上的神靈會牢記在心。幸虧其前世還積累不少的善行和功德，這些小的善行聚集在一起，幫助、保護了他們。但是他們在今世所作的惡業，使得前世所積累的福報和功德盡皆消滅。各種善的鬼神，也都離他們而去，只剩下他們自身獨自挺立，不再有任何的依靠。當壽命終了的時候，一生中所作之惡都匯集在一起，自然產生一種催促、壓迫的力量，共同作用奪取了他們的性命。而他們的名字和籍貫，都被神靈記錄下來，受其所作的災殃和罪惡之業力的牽引，去往他們應當歸於的那一類眾生中。罪惡之業的報應當然要發生，無人能夠捨棄和脫離。只得邁步前行，進入那充滿熊熊烈火的鼎鑊中。身心都被摧毀和燒盡，精神充滿了痛苦。此時此刻，後悔還有什麼用呢？天道光明正大，不會有錯失。因為這三惡道是因其所作的惡業，而自然獲得的報應，當然要遭受無量痛苦和煩惱，輪迴於三惡道中，世世代代、累生累劫，沒有逃離此處的日子，很難獲得解脫，痛苦實在無法言說！這就是第四大罪惡、第四大痛苦、第四大果報，辛勤反而受苦，就是如此。又比如在大火焚燒人的身體的危急情況下，如果人能在火中一心制伏自己的意念，端正身心，正確修行善法，只做各種善事，不造一切罪惡，本身就能獨自度脫生死苦海，而獲得福報和功德，脫離世間，上升天界，證入涅槃的聖道，這就是第四種大善行！」

佛言：「其五惡者，世間人民，徙倚懈惰❶，不肯作善，治身修業，家室眷屬，飢寒困苦。父母教誨，瞋目怒應。言令不和，違戾反逆❷，譬如怨家，不如無子。取與無節，眾共患厭。負恩違義，無有報償之心。貧窮困乏，不能復得。辜較❸縱奪，放恣遊散。串數❹唐得，用自賑給。耽酒嗜美，飲食無度。肆心蕩逸，魯扈❺抵突。不識人情，強欲抑制。見人有善，憎嫉惡之。無義無禮，無所顧難。自用識當❻，不可諫曉。六親❼眷屬，所資有無，不能憂念。不惟❽父母之恩，不存師友之義。心常念惡，口常言惡，身常行惡，曾無一善。不信先聖諸佛經法，不信行道可得度世，不信死後神明更生，不信作善得善，為惡得惡。欲殺真人❾，鬥亂眾僧。欲害父母、兄弟、眷屬，六親憎惡，願令其死。如是世人，心意俱然。愚痴矇昧，而自以智慧。不知生所從來，死所趣向。不仁不順，逆惡天地。而於其中，悕望僥幸，欲求長生，會當歸死。慈心教誨，令其念善。開示生死，善惡之趣，自然有是，而不信之。苦心與語，無益其人。心中閉塞，意不開解。大命將終，悔懼交至。不豫修善，臨窮方悔。悔之於後，將何及乎？天地之間，五道分明。恢廓窈冥⑩，浩浩茫茫⑪，善惡報應，禍福相承，身自當之，無誰代者！數⑫之自然，應其所行。殃咎追命，無得縱舍。善人行善，從樂入樂，從明入明。惡人行惡，從苦入苦，從冥入冥。誰能知者？獨佛知耳。教語開示，信用者少。生死不休，惡道不絕。如是世人，難可具盡。故有自然三塗，無量苦惱，展轉其中，世世累劫，無有出期，難得解脫，痛不可言！是為五大惡、五痛、五燒，勤苦如是。譬如大火焚燒人身，人能於中，一心制意，端身正念，言行相副，所作至誠，所語如語，心口不轉，獨作諸善，不為眾惡者，身獨度脫，獲其福德，度世上天，泥洹之道，是為五大善也。」

【章旨】此段描述了第五種罪惡「飲酒」。對治的方法是五戒之一「不飲酒」。

【注釋】❶徙倚懈惰　彷徨、鬆懈、懶惰。徙倚，徘徊；彷徨。❷違戾反逆　違背乖忤而不順從。戾，乖張；違逆。❸辜較　壟斷、剝奪他人的利益。❹串數　屢屢習慣於。串，習慣。數，屢屢。❺魯扈　魯莽、跋扈。❻自用識當 自以為自己的認識是正確的。❼六親 指父、母、兄、弟、妻、子。❽惟 思維；思考。❾真人 證悟真理之人，這裡指阿羅漢。❿恢廓窈冥 廣大、空虛、幽深、黑暗，用來比喻宇宙的廣大。恢，宏偉廣大。廓，空虛。窈，深遠幽靜。冥，灰暗。⓫浩浩茫茫 廣大蒼茫。⓬數 劫數。

【語 譯】佛說：「第五種罪惡是，世間的人民，彷徨、懈怠、懶惰，不肯去做善事，不為自己修善業，致使家庭親屬妻子兒女生活貧困、飢寒交迫。子女對於父母的教誨，往往是嗔恚怒目而答。父母的話語和命令不合他們的心意，他們便違背乖張而不順從，如同冤家仇人一樣，這樣的兒女還不如沒有。拿取和給予都沒有節制，大家都很厭惡，以之為禍患。他們忘恩負義，沒有報答償還的心理。當他們遭遇貧窮，面臨困難，身體疲乏的時候，再也不能得到別人的幫助。他們為了鞏固自己的利益，剝奪、操縱、奪取他人的利益，放蕩、恣肆，四處遊蕩，散漫無度。他們總習慣用不勞而獲的方式，來解決自己貧乏的困境。沉溺於美酒美色中，暴飲暴食，毫無節制。肆意放縱自己的欲念，邪淫無度，魯莽、跋扈、胡作非為。不能辨識人情的常理，強要壓制別人。看見別人有善行，就嫉妒厭惡別人。不講義理毫無禮節，毫不顧及別人的責難。自己認為自己的看法是正確的，就不可能接受別人的勸諫曉喻。對自己的父母、兄弟、妻子等六親眷屬，及他們日常生活所需的有無，從來不加關心，也從不擔憂。不思維父母養育的恩德，不考慮師友的情義。心中時常懷著罪惡的念頭，口中時常說出罪惡的話語，身體常做罪惡之事情，不曾做過一點善事。不相信至聖先賢以及諸佛的經典和法門，不相信修行佛法就可以度脫世間苦海，不相信人死後神明會再轉世投生，不相信善有善報，惡有惡報。想要殺害證悟真理的阿羅漢，挑釁、干擾出家僧眾。想要傷害父母、兄弟、眷屬，使得六親都憎恨厭惡他，都希望他早一日死去。像這樣的世間之人，內心所想都是一樣的。他們愚昧無知，而自以為聰明有智慧。不知道人的生命從何而來，死後又歸向何處。不仁義不孝順，罪惡滔天，違背了天地。而他們在這種種罪惡中，希望僥倖獲得逃脫，想要求得長生，結果當然是不免一死。好心好意地教育他們，令他們轉向善法。為他們開講生死輪迴、善惡報應，宣示這些都是必然的一種規律，但是他們卻不肯相信。苦口婆心、語重心長，對他們都毫無益處。心中處在閉塞的狀態，意念不能開放。當壽命的大限來臨的時候，後悔和恐懼交相而至。事先不去修行善法，臨到窮途末路的時候才後悔。那麼這種事後的後悔，將如何來得及呢？天地之間，五道輪迴是歷歷分明的。整個宇宙恢宏開廓、深窈冥暗，浩浩廣大、茫茫無涯，善惡的報應，災禍與福報相接承受，都要親自去擔當，沒有誰可代替！這種必然的劫數，會隨著自己所作的業而運行。災禍和過錯都將伴隨一生，無法捨棄、遠離。善人做善事，那麼就會從快樂之處再到快樂之處，從光明之處再到光明之處。惡人做惡事，那麼就會從痛苦之處再到痛苦之處，從黑暗之地再到黑暗之地。誰又能明白這些呢？只有佛能知道。佛的教導、語言、開導和宣示，相信和實踐的人很少。由此生死輪迴不斷，三惡道的痛苦不休。像這樣的世間之人，難以詳盡地描述他們的所作所為。因為這三惡道是因其所作的惡業，而自然獲得的報應，當然要遭受無量痛苦和煩惱，輪迴於三惡道中，世世代代、累生累劫，沒有逃離此處的日子，很難獲得解脫，痛苦實在無法言說！這就是第五大罪惡、第五大痛苦、第五大果報，辛勤反而受苦，就是如此。又比如在大火焚燒人的身體的危急情況下，如果人能在火中一心制伏自己的意念，端正身心，所言說的和所實行的相互一致；所做的一切都是發自內心、是真誠的；所說的話也都真實無妄，內心和口頭互相一致而不轉變；只做各種善事，不造一切罪惡，本身就能獨自度脫生死苦海，而獲得福報和功德，脫離世間，上升天界，證入涅槃的聖道，這就是第五種大善行！」

佛告彌勒：「吾語汝等，是世五惡，勤苦若此。五痛五燒，展轉相生，但作眾惡，不修善本，皆悉自然入諸惡趣。或其今世，先被殃病，求死不得，求生不得，罪惡所招，示眾見之。身死隨行，入三惡道，苦毒無量，自相燋然❶。至其久後，共作怨結，從小微起，遂成大惡。皆由貪著財色，不能施慧，痴欲所迫，隨心思想。煩惱結縛❷，無有解已。厚己諍利，無所省錄❸。富貴榮華，當時快意。不能忍辱，不務修善。威勢無幾，隨以磨滅。身坐勞苦，久後大劇。天道施張❹，自然糾舉。綱紀羅網，上下相應。煢煢忪忪❺，當入其中。古今有是，痛哉可傷！」

【章　旨】此段是對世間所有的五種痛苦、罪惡和如同火燒之苦的進一步總結。

【注　釋】❶燋然　燃燒、烘烤。此處比喻受地獄之火的折磨。❷結縛　煩惱的另一種說法。煩惱能夠束縛人的身心，使人不能獲得解脫，故稱「結縛」。❸省錄　反省檢點。❹天道施張　天下之理，自然施行。天道，天下的道理，這裡指因果報應的規律。❺煢煢忪忪　孤獨無助、惶恐不安。煢煢，孤單無依靠。忪忪，驚恐不安的樣子。

【語　譯】佛對彌勒說：「我告訴你們，這個世間的五種罪惡，就是如此的勞累身心、痛苦不堪。五種痛苦、五種果報，也都是輾轉互相生起，那些只作種種惡，不修行善法的根本，都將自然而然地進入諸種惡道中。或者在今世中，就先遭受了禍患和病痛，求死不得，求生不能，都是其所作的罪惡招致的結果，公之於眾，讓大家都見到它的後果。或者在肉體死亡以後，相伴隨進入三種惡道中，受到的痛苦和毒害無盡無量，在地獄的熊熊火焰中，備受煎熬。等到很長時間以後，互相之間共同結下了怨恨的種子，從很小和輕微的錯誤開始，最終釀成極大的罪惡。所有這些都是由於貪占財物、留戀美色，不能施與恩惠給他人所導致的結果，無知和欲望交相逼迫，隨著妄心不斷地思慮和狂想。煩惱束縛了人的身心，沒有解脫的時候。厚待自己，為利益而爭鬥，從不反省和檢點。享盡富貴榮華，只顧一時的痛快。不能夠忍辱負重，不努力去追求善行。威風和權勢持續不了多久，很快就會消失無蹤。自身遭受了勞累和痛苦，隨著時間的長久而更加劇烈。因果報應的天道規律施行作用，自然而然地糾察檢舉人的罪惡。法紀與政綱，天羅地網使上因下果相互對應。孤獨無助、惶恐不安，一定會墮入三惡道的輪迴中。從古到今，都是如此，實在痛苦！實在悲傷！」

佛語彌勒：「世間如是，佛皆哀之，以威神力，摧滅眾惡，悉令就善。棄捐❶所思，奉持經戒，受行道法，無所違失。終得度世，泥洹之道。」

【章旨】在對世間的各種罪惡、痛苦做了描述後，此段表明痛苦並非不可解，在佛的慈悲普照下，眾生信奉佛法，終會獲得解脫。

【注釋】❶棄捐　拋棄、除去妄想。

【語譯】佛對彌勒說：「世間都是如此，諸佛都為此感到悲哀和同情，因此以他們的威嚴神通的力量，摧毀、消滅各種罪惡，使他們轉向善法。拋棄、除去妄想，奉行、遵守經典和戒律，接受和實行佛法之道，沒有違背錯失。最終得以從世間解脫，度到涅槃之道中。」

佛言：「汝今諸天、人民及後世人，得佛經語，當熟思之。能於其中，端心正行。主上為善，率化❶其下。轉相敕令，各自端守❷。尊聖敬善，仁慈博愛。佛語教誨，無敢虧負。當求度世，拔斷生死眾惡之本，永離三塗無量憂畏苦痛之道。汝等於是，廣殖德本，布恩施惠，勿犯道禁❸。忍辱精進，一心❹智慧，轉相教化，為德立善。正心正意❺，齋戒❻清淨，一日一夜。勝在無量壽國為善百歲。

【章　旨】這裡更具體地說明了眾生應當信奉佛的教誨，實行六度的修行。在世間修行一日一夜比在極樂世界中做善事百年更有好處。

【注　釋】❶率化　引導教化。❷端守　端正行為，守護自心。❸道禁　佛法所禁止的方面。❹一心　把心念集中於一處，即禪定。❺正心正意　端正其心，意無邪念。❻齋戒　清淨身心的意思。齋，清除內心不淨的念頭。戒，防止身體方面出現過失。

【語　譯】佛說：「今天，你們各位天神、人民以及後世的眾生，得到了佛所說的經典和語言，應當認真地思考。做到在佛法和佛語的教導下，端正自己的思想，確立正確的行為。君主和上司首先做善事，為下屬做表率，教化下屬。如此層層輾轉，傳達命令，每個人都能端正行為、守護內心。尊敬聖賢之士，敬愛善良之人，仁義慈悲，廣施博愛。對佛的話語和教誨，不敢有所虧欠和違背。應當追求從世間解脫，拔掉、斷除生死輪迴諸種罪惡的根本，永遠遠離三惡道無量的擔憂、畏懼、痛苦。你們應當從此開始，廣泛地培植功德之本，布施恩惠與他人，不觸犯佛法所禁止的方面。忍受別人的侮辱，精進努力不懈怠，修持一心不亂的禪定，掌握佛教的智慧，相互教化，積累功德，建立善行。端正其心，意無邪念，齋戒清淨身心，一天一夜，勝過在無量壽佛國中行善一百年。

「所以者何？彼佛國土，無為自然❶。皆積眾善，無毛髮之惡。於此修善，十日十夜，勝於他方諸佛國中為善千歲。所以者何？他方佛國為善者多，為惡者少。福德自然，無造惡之地。唯此間多惡，無有自然。勤苦求欲，轉相欺殆。心勞形困，飲苦食毒。如是匆務，未嘗寧息。吾哀汝等天人之類，苦心誨喻，教令修善，隨宜❷開導，授與經法，莫不承用。在意所願，皆令得道。佛所游履，國邑丘聚❸，靡不蒙化。天下和順，日月清明，風雨以時，災厲不起。國豐民安，兵戈無用。崇德興仁，務修禮讓。」

【章　旨】此段進一步解釋為什麼在世間修行比在極樂世界修行更有功用和意義。

【注　釋】❶無為自然　這裡的翻譯借用老莊的語言，來說明無量壽佛極樂世界中逍遙安樂，自在自有，一切皆不求而得。❷隨宜　隨眾生根機所適宜的程度。❸國邑丘聚　國家、城邑、山丘、村莊。

【語　譯】「原因何在呢？因為無量壽佛國的國土，是逍遙安樂、清淨無為、自然向善的國度。此國土的眾生都能積累功德、修行各種善法，而沒有如毛髮大小的罪惡。在那個世界裡修行善法，十天十夜，超過在其他各方諸佛的世界裡行善千年。為什麼呢？因為其他各方諸佛的世界裡，修行善法的人很多，而作惡的人很少。那裡的功德和福報都是自然出現的，沒有造作罪惡的餘地。只有這個世間有很多的罪惡，沒有那種自然顯現的功德和善法。勞累辛苦，貪得無厭，更會互相欺騙危害。內心勞累，身體困乏，飲下痛苦，吃盡苦毒。像這樣匆忙勞累的事情，未曾有片刻的停息。我可憐你們這些天人之類，苦口婆心，教誨曉喻，教導你們去修行善法，隨你們根機所適宜的程度加以開導，教授給你們經典和佛法，無不獲得很大受用。根據眾生的意願，都使他們證悟佛法。佛陀所遊行到過的地方，國家、城邑、山丘、村落，無不受到教化。使天下和平順利，日月朗朗，光明四照，風調雨順，沒有天災和大瘟疫。國家富足，人民安樂，兵將干戈都沒有用武之地。尊崇道德，興起仁慈，力求禮讓，修行謙讓。」

佛言：「我哀愍汝等，諸天人民，甚於父母念子。今吾於此世作佛，降化五惡，消除五痛，絕滅五燒。以善攻惡，拔生死之苦。今獲五德❶，升無為之安。吾去世後，經道漸滅，人民諂偽，復為眾惡，五燒五痛，還如前法。久後轉劇，不可悉說。我但為汝略言之耳。」

佛告彌勒：「汝等各善思之，轉相教誡，如佛經法，無得犯也。」

於是彌勒菩薩合掌白言：「佛所說甚善，世人實爾。如來普慈哀愍，悉令度脫。受佛重誨，不敢違失。」

【章　旨】此段為佛再次的囑託。

【注　釋】❶五德　這裡指五善的功德。

【語　譯】佛說：「我可憐、同情你們這些諸天、人民，甚於父母對於子女的愛護和思念。現在我在這個世間成佛，降服、化除五種罪惡，消除五種痛苦，斷絕消滅五種果報。以善法攻除惡行，拔掉眾生生死輪迴的痛苦。令眾生獲得五種善行的功德，上升到阿彌陀佛的無為的安樂世界。在我去世後，佛教經典和佛教道理逐漸湮滅，人民諂媚虛偽，又重新造作各種罪惡，產生五種果報、五種痛苦，又恢復到以前的狀態。以後逐漸變得更加厲害，這裡不能詳細講說。我這裡只是為你們簡略地說一下而已。」

佛對彌勒說：「你們應當各自好好思考這個問題，互相教育告誡，遵守佛教的經典和法則，不要違反。」

於是彌勒菩薩合掌說道：「佛的教誨很好，世人確實如此。佛廣發慈悲，同情眾生，使他們都獲得救度。今天領受了佛的重要教誨，不敢違反和錯失。」

佛告阿難：「汝起更整衣服，合掌恭敬，禮無量壽佛，十方國土諸佛如來。常共稱揚，讚歎彼佛，無著無閡❶。」

於是阿難起整衣服，正身西向，恭敬合掌，五體投地，禮無量壽佛。白言世尊：「願見彼佛安樂國土，及諸菩薩聲聞大眾。」說是語已，即時無量壽佛，放大光明，普照一切諸佛世界、金剛圍山❷、須彌山王❸、大小諸山。一切所有，皆同一色。譬如劫水❹，彌滿世界，其中萬物，沉沒不現。滉瀁浩汗❺，唯見大水。彼佛光明，亦復如是，聲聞菩薩，一切光明，皆悉隱蔽。唯見佛光，明耀顯赫。爾時阿難，即見無量壽佛，威德巍巍，如須彌山王，高出一切諸世界上。相好光明，靡不照耀。此會四眾，一時悉見。彼見此土，亦復如是。

【章旨】此段描繪了對無量壽佛的禮拜和無量壽佛在法會中的顯現。

【注釋】❶無著無閡　沒有執著，沒有障礙。閡，障礙。❷金剛圍山　即金剛山。此山由鐵構成，堅固無比，所以稱為金剛山。又因為此山是佛教世界觀中一個小世界的最外圍所環繞之山，故又稱為鐵圍山、金剛圍山。❸須彌山王　佛教世界觀中，世界中心處的高山。❹劫水　佛教認為世界的發展分為四個階段，即成、住、壞、空四劫。在世界將要毀滅的壞劫階段，要遭受三種大的災害，分別是火災、水災、風災。劫水就是指其中的水災。劫水氾濫時，水從地下湧出，一直淹沒到第二禪天。❺滉瀁浩汗　水波蕩漾，沒有邊際。滉瀁，廣闊沒有邊際。

【語　譯】佛對阿難說：「你應當起來再次把衣服整理一下，雙手合十，恭敬起立，禮拜無量壽佛，以及十方世界中的諸佛。經常地共同稱讚頌揚他們，讚歎無量壽佛沒有執著、沒有障礙。」

於是阿難起立後，先整理衣服，然後轉身面向西方，恭敬站立，雙手合十，而後五體投地，禮拜無量壽佛。又對佛說：「願意見到那個清淨極樂的無量壽佛國，以及在此國土上的諸位菩薩、聲聞大眾。」剛說完這些話，當時無量壽佛出現在面前，放射出了極大的光明，普遍照射一切諸佛世界，以及金剛圍山、須彌山及各種大小山脈。世界上所有的一切，都變成和佛光一樣的顏色。就好像在世界將要毀滅時遭遇的大水災一樣，充滿整個世界，其中萬物，都沉沒而不能顯現。大水水波蕩漾、廣闊而沒有邊際，只剩下一望無際的大水。那個無量壽佛的光明，也就像這樣，而聲聞眾生、諸位大菩薩，以及其他物體所放射出的一切光明都被遮蔽了，只能見到佛的光芒，明亮四射，光耀顯眼。當時，阿難就見到了無量壽佛，威嚴、功德高聳如同須彌山這個最高峰一樣，高出其他一切世界之上。無量壽佛的相狀，美好光明，沒有照耀不到的。參加此次法會的四眾弟子，同一時間共同見證。他們所看到的這個極樂世界同上面的描述完全一致。

爾時佛告阿難及慈氏菩薩❶：「汝見彼國，從地已上至淨居天❷，其中所有微妙嚴淨，自然之物，為悉見不？」

阿難對曰：「唯然已見。」

「汝寧復聞無量壽佛，大音❸宣布，一切世界，化眾生不？」

阿難對曰：「唯然已聞。」

「彼國人民，乘百千由旬七寶宮殿，無所障閡。遍至十方供養諸佛，汝復見不？」

對曰：「已見。」

「彼國人民有胎生❹者，汝復見不？」

對曰：「已見。」

「其胎生者，所處宮殿，或百由旬，或五百由旬。各於其中，受諸快樂。如忉利天，亦皆自然。」

【章　旨】佛與阿難和彌勒菩薩一起確證極樂世界的種種不可思議之處。

【注　釋】❶慈氏菩薩　即彌勒菩薩。❷淨居天　佛教認為欲界、色界和無色界三界是眾生存在的三種空間。其中，在色界中有四類禪天，共十八種天。第四禪天共有八種，其中的後五種乃是聲聞眾生四種果位中修證到第三個層次不還果時所生的地方，此處沒有雜染，故稱淨居天。這五種天分別是：一無煩天，無一切煩雜的地方。二無熱天，無一切煩惱的地方。三善現天，能顯現美妙佛法的地方。四善見天，能見到美妙佛法的地方。五色究竟天，色界最好的地方。❸大音　偉大的聲音。❹胎生　六道眾生產生的四種類型之一。經過母親孕育、懷胎而出生，比如人類經過十月懷胎出生。此處所謂的胎生特指自力修行，而不相信無量壽佛他力的眾生往生到西方極樂世界的邊遠之地，不如淨土世界中其他眾生所具有的化生之身。

【語　譯】那時，佛告訴阿難和彌勒菩薩：「你們所見到的淨土極樂世界，從大地之上，一直到色界的淨居天，其中所有的細微、美妙、莊嚴、清淨的自然呈現的事物，你們都見到了嗎？」

阿難回答說：「是的，已經見到了。」

「你們是否又聽到了無量壽佛以他的偉大的聲音宣布，教化一切世界中的眾生嗎？」

阿難回答說：「是的，已經聽到了。」

「那個無量壽佛國土中的人民，和他們的成百上千由旬廣大無比的七種寶珠所構成的宮殿之間，沒有障礙。普遍地充滿了十方世界，供養諸佛，你們又見到了沒有？」

阿難回答：「已經見到了。」

「那個無量壽佛國中的人民，有的是懷胎而生，你們又見到了沒有？」

阿難回答：「已經見到了。」

「那些懷胎而生的人民，所住的宮殿，或者一百由旬，或者五百由旬，都極為寬廣。他們各自居住其中，享受各種快樂如同在忉利天，並且都是自然獲得的。」

爾時慈氏菩薩白佛言：「世尊，何因何緣，彼國人民，胎生化生？」

佛告慈氏：「若有眾生，以疑惑心，修諸功德，願生彼國。不了佛智❶、不思議智❷、不可稱智❸、大乘廣智❹、無等無倫最上勝智❺。於此諸智，疑惑不信，然猶信罪福❻，修習善本，願生其國。此諸眾生，生彼宮殿，壽五百歲。常不見佛，不聞經法，不見菩薩，聲聞聖眾。是故於彼國土，謂之胎生。

【章　旨】此段重點說明邊地的眾生乃是胎生，而其他淨土眾生皆是化生。

【注　釋】❶佛智　佛的智慧。❷不思議智　佛的智慧深刻而廣大，不可思議。❸不可稱智　佛的智慧眾多無量，不能說盡。❹大乘廣智　大乘法門中一切盡知的智慧。❺無等無倫最上勝智　無與倫比最上等的殊勝智慧。❻罪福　惡有惡報，善有福報。

【語　譯】那時，彌勒菩薩問佛說：「世尊，是什麼樣的原因，導致淨土世界中的人民有胎生和化生的不同？」

佛回答說：「如果有一類眾生，懷著疑惑的心理，修行善行、積累功德，發願往生西方極樂世界。他們不了解佛的不可思議、無數無量、不可言說、一切盡知的、無與倫比的、最上等的殊勝智慧。對於這樣的智慧，內心疑惑，並不相信，但是他們還是相信因果報應、善惡報應，以及修行善法的功德，願意往生到西方極樂世界。這樣一類眾生，往生到了邊遠之地的宮殿中，壽命有五百歲。經常見不到佛，也聽不到講經之聲，見不到菩薩和聲聞等各類聖賢的眾生。在這個國土中，這樣一類人就叫作胎生。

「若有眾生，明信佛智，乃至勝智，作諸功德，信心回向。此諸眾生，於七寶華中，自然化生，跏趺而坐❶。須臾之頃，身相光明。智慧功德，如諸菩薩，具足成就。復次，慈氏！他方諸大菩薩，發心欲見無量壽佛，恭敬供養，及諸菩薩，聲聞之眾。彼菩薩等，命終得生無量壽國，於七寶華中自然化生。彌勒當知，彼化生者，智慧勝故。其胎生者，皆無智慧，於五百歲中，常不見佛，不聞經法，不見菩薩，諸聲聞眾。無由供養於佛，不知菩薩法式❷，不得修習功德。當知此人，宿世之時，無有智慧，疑惑所致。」

【章 旨】此段補充說明了胎生和化生的眾生為什麼會有區別。

【注 釋】❶跏趺而坐 即盤腿而坐。左右兩足分別放在兩腿之上的坐法，稱為全跏趺坐，或稱雙盤。只以其中一足放在腿上的坐法，稱為半跏趺坐。全跏趺坐又有兩種坐法，代表不同的含義：若先以右足置於左腿上，再以左足置於右腿上，叫做降魔坐；若先以左足置於右腿上，再以右足置於左腿上者，則叫做吉祥坐。❷法式 法則、儀式。

【語 譯】「如果有一類眾生，明白通達，相信佛的無量無邊的殊勝智慧，修行積累各種功德，以堅定的信心去回向佛的世界。這樣一類眾生，在七種寶物所形成的花朵中，自然而然變化而生，結跏趺坐。須臾之間的時間，身體的相貌充滿光明。智慧和功德，猶如各位大菩薩一樣，圓滿具有。再次，彌勒菩薩！他方世界中的各位大菩薩，發起信心，想見到無量壽佛，恭敬供養極樂世界中的各位大菩薩，乃至聲聞眾生。這樣，菩薩在壽命終了的時候，能夠往生無量壽佛的極樂世界，在七種寶物所形成的花朵中，自然而然變化而生。彌勒菩薩，你應當知道，那些化生的眾生，智慧殊勝。那些胎生的眾生，都沒有智慧，在五百年的時間中，不能見到佛，也聽不到佛教與佛法，也見不到菩薩和聲聞眾生。沒有機會去供養佛，不知道菩薩做事的法則和儀式，不能獲得修行的功德。應當知道，這些人之所以如此，是因為他們在過去世的時候沒有智慧，對佛的他力產生疑惑所導致的結果。」

佛告彌勒：「譬如轉輪聖王，別有宮室，七寶莊飾，張設床帳，懸諸繒幡。若有諸小王子，得罪於王，輒內彼宮中，繫以金鎖。供給飲食，衣服床蓐❶，華香伎樂，如轉輪王，無所乏少。於意云何？此諸王子，寧樂彼處不？」

對曰：「不也。但種種方便❷，求諸大力❸，欲自勉出。」

【章　旨】下面的幾個段落集中說明邊地眾生雖然在物質享受上也很豐富，但是精神的需求得不到滿足，即不能聽佛說法。此一小節主要通過轉輪聖王的小王子這樣一個比喻來說明這個道理。

【注　釋】❶床蓐　即床褥。❷方便　此處指方法。❸大力　有大力量的人士。

【語　譯】佛告訴彌勒：「譬如轉輪聖王，有一個特別的宮殿，由七種寶物裝飾而成，內設有床，以幔帳圍繞，宮殿中懸掛了各種各樣的旗幟、彩幡。如果各位小王子得罪了轉輪聖王，總是將他們押到這個宮殿，以金鎖鎖在其中。同時，供給他們飲食、衣服、床褥、香花，演奏音樂，這些享受和轉輪聖王一樣，沒有缺失和困乏。這怎麼樣呢？在這個宮殿中的小王子，喜歡待在這個地方嗎？」

彌勒回答說：「不喜歡。他們總是不斷地採用種種的方法，向大力士求助，想要把自己救出來。」

佛告彌勒：「此諸眾生，亦復如是。以疑惑佛智，生彼宮殿，無有刑罰，乃至一念惡事。但於五百歲中，不見三寶，不得供養，修諸善本，以此為苦。雖有餘樂，猶不樂彼處。若此眾生，識其本罪❶，深自悔責❷，求離彼處，即得如意，往詣無量壽佛所，恭敬供養，亦得遍至無量無數諸如來所，修諸功德。彌勒當知！其有菩薩生疑惑者，為失大利❸，是故應當明信諸佛無上智慧。」

【章旨】生在邊地的眾生，只有認識所犯的錯誤，並懺悔自責，才能脫離邊地，來到無量壽佛的地方。因此，信仰不堅定，對無量壽佛產生懷疑，都會導致自己失去在極樂世界中應當獲得的利益。

【注釋】❶本罪　即對佛產生懷疑和迷惑的罪過。❷悔責　懺悔自責。❸大利　大的利益，即往生到佛國中，常能見到無量壽佛。

【語譯】佛對彌勒說：「在邊地的眾生，也是這樣。他們因為懷疑佛的智慧，有疑惑產生，於是就來到了邊地的七寶宮殿中，這裡沒有刑罰，乃至沒有絲毫痛苦的事情。但是，在五百年的時間中，他們不能見到佛法僧三寶，也沒有機會供養他們，修行、積累善的功德，對他們而言，這就是一種痛苦。雖然有其他眾多的快樂，但還是不喜歡那個地方。如果這些眾生，能夠認識到他們對佛產生懷疑的罪過，自己深刻懺悔自責，尋求脫離那個地方，就能夠如願以償，去到無量壽佛所在的地方，恭敬地供養，能夠周遍地去到無量無數的諸佛的場所，修行各種功德。彌勒，你應當知道，如果有菩薩產生了疑惑，同樣會失去大的利益，因此應當明白無誤地確信諸佛的無量無上智慧。」

彌勒菩薩白佛言：「世尊，於此世界❶，有幾所不退菩薩❷，生彼佛國？」

佛告彌勒：「於此世界，有六十七億不退菩薩，往生彼國。一一菩薩，已曾供養無數諸佛，次如彌勒者也。諸小行菩薩❸，及修習少功德者，不可稱計，皆當往生。」

【章旨】下面幾段中，是佛對往生到極樂世界中菩薩數量和種類的一個預言。這一小節是對釋迦牟尼所教化的世界中修行到不退轉層次的菩薩的一個預言。

【注釋】❶此世界　即娑婆世界，釋迦牟尼進行教化之現實世界，也就是我們所居住的這個世界。這個世界中的眾生能夠忍受各種煩惱，故又稱為堪忍世界。❷不退菩薩　即在修行所達到一定境界後，不再後退。有三種和四種不退的說法。三種不退指：一、位不退，達到十住位中第七住以上的菩薩不再退轉二乘地。二、行不退，在十地之中，第七地菩薩所作之修行，不再退轉。三、念不退，第八地以上之菩薩不必刻意保持不動心，就能自然沒有妄念。四種不退指：一、信不退，在菩薩修行的十信中，第六信心以上的菩薩，不再起邪見。二、位不退，十住位之中，第七住以上之菩薩，不再退轉二乘地。三、證不退，證得十地中初地以上的菩薩，不再退失。四、行不退，八地以上之菩薩，能夠隨意作有為與無為之行，而不會退轉。❸小行菩薩　指不相信念佛往生的菩薩修行者。

【語譯】彌勒菩薩向佛問道：「世尊，在這個娑婆世界中，有多少不退轉的菩薩，能夠往生到無量壽佛國的世界去？」

佛告訴彌勒：「在這個世界中，有六十七億之多的不退轉菩薩，往生到西方極樂世界。每一個菩薩，都已經供養了無數的佛，和彌勒你不相上下。那些不相信念佛往生的修菩薩行者以及積累了少量功德者，不可盡數，都將往生到佛國去。」

佛告彌勒：「不但我剎諸菩薩等，往生彼國。他方佛土，亦復如是。其第一佛名曰遠照，彼有百八十億菩薩，皆當往生。其第二佛名曰寶藏，彼有九十億菩薩，皆當往生。其第三佛名曰無量音，彼有二百二十億菩薩，皆當往生。其第四佛名曰甘露味，彼有二百五十億菩薩，皆當往生。其第五佛名曰龍勝，彼有十四億菩薩，皆當往生。其第六佛名曰勝力，彼有萬四千菩薩，皆當往生。其第七佛名曰師子，彼有五百億菩薩，皆當往生。其第八佛名曰離垢光，彼有八十億菩薩，皆當往生。其第九佛名曰德首，彼有六十億菩薩，皆當往生。其第十佛名曰妙德山，彼有六十億菩薩，皆當往生。其第十一佛名曰人王，彼有十億菩薩，皆當往生。其第十二佛名曰無上華，彼有無數不可稱計諸菩薩眾，皆不退轉，智慧勇猛，已曾供養無量諸佛。於七日中，即能攝取百千億劫大士所修堅固之法❶。斯等菩薩，皆當往生。其第十三佛名曰無畏，彼有七百九十億大菩薩眾，諸小菩薩及比丘等，不可稱計，皆當往生。」

【章　旨】此段是對其他佛教化的世界中菩薩往生極樂世界的一個預言。

【注釋】❶堅固之法　即不退轉之法。

【語譯】佛告訴彌勒：「不但我所教化的娑婆世界中的諸位菩薩將往生西方極樂世界。其他佛所教化的佛土，也是如此。其中第一個佛叫做遠照，其世界中有一百八十億菩薩，都將往生極樂世界。第二個佛名叫寶藏，其世界中有九十億菩薩，都將往生極樂世界。第三個佛名叫無量音，其世界中有二百二十億個菩薩，都將往生極樂世界。第四個佛名叫甘露味，其世界中有二百五十億個菩薩，都將往生極樂世界。第五個佛名叫龍勝，其世界中有十四億個菩薩，都將往生極樂世界。第六個佛名叫勝力，其世界中有一萬四千個菩薩，都將往生極樂世界。第七個佛名叫師子，其世界中有五百億個菩薩，都將往生極樂世界。第八個佛名叫離垢光，其世界中有八十億個菩薩，都將往生極樂世界。第九個佛名叫德首，其世界中有六十億個菩薩，都將往生極樂世界。第十個佛名叫妙德山，其世界中有六十億個菩薩，都將往生極樂世界。第十一個佛名叫人王，其世界中有十億個菩薩，都將往生極樂世界。第十二個佛名叫無上華，其世界中有無數的、不能計算和統計數量的菩薩，都達到了不退轉的境地，智慧勇猛，都已經供養過無量的諸佛。在七天中，就能夠包攝、吸取在上千億劫的極長時間中，菩薩所獲得的不退轉法門。這些菩薩都將往生極樂世界。第十三個佛名叫無畏，其世界中有七百九十億個大菩薩、小菩薩以及比丘等大眾，不能盡數，都將往生極樂世界。」

佛語彌勒：「不但此十四佛國中諸菩薩等，當往生也。十方世界無量佛國，其往生者，亦復如是，甚多無數。我但說十方諸佛名號及菩薩比丘生彼國者，晝夜一劫，尚未能竟。我今為汝略說之耳。」

【章　旨】此段進一步說明，能夠以言語列舉出來的往生者只是一小部分，實際的數量是無法用語言描述的。

【語　譯】佛對彌勒說：「不但這十四個佛國中的諸位菩薩，都將往生極樂世界。十方世界中有無量的佛國，其中往生極樂世界者，也應當如此，極多而不可數。我就是只說十方世界諸佛的名號以及其中的菩薩、比丘等往生極樂世界，晝夜不停，用一劫的時間尚不能夠說完。我現在只是簡略地為你們講說。」

佛語彌勒：「其有得聞彼佛名號，歡喜踴躍，乃至一念，當知此人，為得大利，則是具足無上功德。是故彌勒，設有大火充滿三千大千世界，要當過此，聞是經法，歡喜信樂。受持讀誦，如說修行。所以者何？多有菩薩，欲聞此經，而不能得。若有眾生聞此經者，於無上道，終不退轉。是故應當專心信受，持誦說行。吾今為諸眾生，說此經法，令見無量壽佛，及其國土一切所有。所當為者，皆可求之。無得以我滅度之後，復生疑惑。當來之世，經道滅盡，我以慈悲哀愍，特留此經，止住百歲。其有眾生，值斯經者，隨意所願，皆可得度。」

【章　旨】此段開始屬於流通分的部分，是說明信奉、傳播此經作用和功德的一部分，也是佛經結語的部分。

【語　譯】佛對彌勒說：「其中有能夠聽聞無量壽佛的名號的眾生，歡喜踴躍，乃至於哪怕只有一個念頭念想無量壽佛，就應當知道這個人，將來一定獲得大的利益，圓滿具備了無上的功德。因此，彌勒菩薩，假設有大火充滿了三千大千世界，那麼也應當越過這個充滿大火的世界，去聽如此的經典和法門，歡喜地信仰，樂意地奉行。接受佛說，讀誦經典，按照佛所說的進行修行。為什麼要這樣呢？因為有很多的菩薩，想聽到這個經典，可是卻得不到。如果有眾生能聽到此經，那麼就能夠證入無上的法門，最終不會後退和轉變。因此，應當專心地信仰和接受此經，奉持、誦讀、講說、實踐。我今天為了眾生，宣講了這個經典，令他們都見到了無量壽佛，以及他的國土中的所有一切。所想要做到的事情，都可以去尋求得到。不要等我證入涅槃後，再產生疑惑。將來的世界中，佛經和佛法都消滅殆盡，我因為慈悲、同情和可憐受苦的眾生，特意把此經留在世間，長達一百年的時間。如果有眾生遇到了這部經，就能夠隨意滿足他的願望，都可以獲得救度。」

佛語彌勒：「如來興世❶，難值難見。諸佛經道，難得難聞。菩薩勝法，諸波羅蜜，得聞亦難。遇善知識❷，聞法能行，此亦為難。若聞斯經，信樂受持，難中之難，無過此難。是故我法如是作、如是說、如是教，應當信順，如法修行。」

【章旨】此段說明聽聞此經是機會難得，相信此經並依照此經所說的奉行則是難上加難。

【注釋】❶興世　出現在世間。❷善知識　能正確傳播佛教知識，教導他人的人。

【語譯】佛對彌勒說：「如來出現在世間，是很難碰到和遇見的。諸佛所宣講的經典和道理，也很難獲得和聽到。菩薩修行的殊勝法門，六波羅蜜，想要聽到也很難。碰到一個有智慧懂佛法的人，聽到他所說的道理後去實行，這也是很難的。假如能聽到這部經典，相信並歡喜地接受、修持，更是難上加難，沒有比這更難的了。因此，我如此的行為、如此的言說、如此的教導所包含的法門，你們應當相信和接受，並按照佛法去修行。」

爾時，世尊說此經法，無量眾生皆發無上正覺之心。萬二千那由他❶人，得清淨法眼❷。二十二億諸天人民，得阿那含❸。八十萬比丘，漏盡意解❹。四十億菩薩，得不退轉。以弘誓功德而自莊嚴，於將來世當成正覺。爾時三千大千世界六種震動，大光普照十方國土。百千音樂自然而作。無量妙華，芬芬而降。佛說經已，彌勒菩薩及十方來諸菩薩眾，長老❺阿難，諸大聲聞，一切大眾，聞佛所說，靡不歡喜。

【章　旨】此段是此經的結束。主要是說明了佛講說此經的功德和利益。

【注　釋】❶那由他　數量單位，相當於億。❷清淨法眼　五眼之一，指菩薩所具有觀察一切法的能力。❸阿那含　聲聞眾生所證的四果中的第三果，又稱不還果。此果位已經斷絕了欲界所有的欲望和迷惑，不再回到欲界。❹漏盡意解　一切煩惱斷盡而意識獲得解脫。漏，煩惱。❺長老　道德高尚的年長者。

【語　譯】那時，世尊講說了這部經典後，無量的眾生，都發起了無上的正確的覺悟之心。一萬二千億的眾生，獲得菩薩所具有觀察一切法的法眼。二十二億的諸天、人民，證得了不再生於欲界的阿那含果。八十萬的比丘，煩惱消除，意識得到了解脫。四十億菩薩，獲得了不再後退轉變的能力。因發起了宏大的誓願所產生的功德，能夠使自身莊重嚴肅，在將來的世界中，定當獲得徹底的覺悟。那時，三千大千世界產生了六種震動，耀眼廣大的光明普遍地照耀十方世界。成百上千種音樂，自然而然地演奏出來。無數的美妙的鮮花，帶著芬芳的香味從天而降。佛講完此經後，彌勒菩薩以及十方世界中的眾菩薩，道德高尚的長者阿難，還有許多的聲聞及一切的聽眾，聽到佛的說法，無不歡喜。

◎新譯妙法蓮華經

張松輝／注譯　丁敏／校閱

《妙法蓮華經》是佛教的主要經典之一，旨在提倡三乘歸一，以大乘調和，融會小乘。它善用譬喻，形象生動，不僅是一部思想深邃的佛學著作，而且還具有濃厚的文學色彩，對許多宗派和東亞佛教都有巨大影響。本書根據鳩摩羅什所譯版本加以注譯和導讀，經文並有注音，是閱讀和理解《法華經》的最佳選擇。

◎新譯楞嚴經

賴永海、楊維中／注譯

「欲知佛境界，當讀華嚴；欲知佛智慧，要讀楞嚴」。《楞嚴經》是一部大乘佛教的單譯經，素有佛教全書之稱。經中說明宇宙原理、人生真相，展示世界、眾生業果相續的主要原因，以及教導眾生返妄歸真、覺悟成佛的方法；尤其有關觀世音菩薩的說法，在佛教信眾之中，影響至為深遠。本書以文學及佛學角度譯注《楞嚴經》，為坊間所少見，研讀佛教經典者切不可錯過。

◎新譯華嚴經入法界品

楊維中／注譯

華嚴宗立宗根基之《華嚴經》，總說一心法界之體用廣大無邊，圓融無礙，是大乘佛教的重要經典。其中〈入法界品〉可說是整部《華嚴經》的總結和縮影，不僅完整體現了《華嚴經》的全部思想，且提供了深入法界和隨順法界的典型例證和具體方法。本書參考法藏和澄觀《華嚴經》研究之精華，對〈入法界品〉詳為導讀和注譯，是有心一窺佛法之奧妙，以及研究佛教對中國文化之影響者，很好的參考。

◎新譯大乘起信論

韓廷傑／注譯　潘栢世／校閱

《大乘起信論》是一部對佛教思想在中國發展有深鉅影響的論典，一部曾給當代哲學家牟宗三先生極大思想啟發的佛學著作。所論「一心開二門」詳細說明了凡、聖不同的因由；從「不覺」到「覺」，更明確點出了落實在修行活動中的「始覺」觀念，是心迷為凡、覺悟成聖的圓滿理論展示。透過本書精要的導讀與注譯，為世人親近佛教原典、進探佛法義海，提供了一條現代之路。

◎新譯禪林寶訓

李中華／注譯　潘栢世／校閱

《禪林寶訓》載錄宋代數十位高僧大德的嘉言懿行，被稱為「釋門之龜鑑」、「入道之寶筏」。本書導讀對禪的傳布、流變以及禪法要義，有深入詳盡之解說。書中的注釋與譯文每發原典的精微奧義，準確而詳賅；更以別具風貌的校閱方式，暢快淋漓地評析與講解原典的妙旨大要。相信可以使讀者於手披目覽之際，收到裨補心性的作用。

◎新譯維摩詰經

陳引馳、林曉光／注譯

《維摩詰經》宣揚的是不偏執於離世修行和去染就淨，而以住世為涅槃、度人為解脫這一大乘菩薩的真精神。它產生於大乘佛教與起時期，在大乘佛教中具有極高的地位，不僅故事性強，引人入勝，同時也是一部優秀的文學作品。本書以鳩摩羅什譯本為依據，並參照支謙和玄奘的譯本，注譯精當流利，詳實可靠。

◎新譯永嘉大師證道歌

蔣九愚／注譯

永嘉大師是與六祖慧能同時代的高僧，曾得到六祖之印證。《證道歌》是他抒發己身證道後的心境體悟，共一千八百餘字，主要宏揚了慧能「禪非坐臥」、「不立文字」、「頓悟」、「般若行」等禪法思維，並體現身心清安、簡單易行的基本修證精神。其中精華曾被後世禪師反覆引用，對南宗禪影響甚大。透過本書清晰的注譯講解，能幫助您在吟詠誦讀之餘，更加深入體會永嘉大師的禪法精髓。

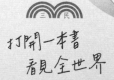